The Chester **Stravinsky** *Edition*

Les Noces
(SVADEBKA)

Scènes chorégraphiques russes
avec chant et musique
composées par

Igor Stravinsky

French text by
C.-F. Ramuz

Chorus Score

Chester Music
London/New York/Paris/Sydney/Copenhagen/Berlin/Madrid/Tokyo

NOTES ON THE TEXTS AND TRANSLITERATION

MARGARITA MAZO, DINA LENTSNER & MILLAN SACHANIA

Russian text

Stravinsky's final draft of the piano-vocal score, completed in May 1921, serves as the source for the Russian text in this new edition, which presents the text in both Cyrillic and transliteration. Stravinsky's text uses rural forms of Russian words, dialect vocabulary and speech idioms, all of which contribute to the remarkable sonority of *Les Noces*. Different spellings and pronunciations of the same word in this manuscript are thus retained in this edition: at **[123]**, for instance, *oolitse* is first spelt ***OOlitsE***, then ***YUlitsE***, and finally, ***YUleetsÏ***. We have also preserved the composer's adjustments to punctuation and capitalisation according to his musical phrasing. The Russian orthography and punctuation have been altered so that they conform to current standards. Obvious errors in the Russian text have been tacitly corrected; such corrections have been made in consultation with Stravinsky's sources of folk songs.

The transliteration of Russian text is always a demanding task, since no single existing system can fit different purposes satisfactorily. Stravinsky clearly stated that he preferred Russian as the language for the performance of *Les Noces*, and for this reason the present edition provides a transliteration that aims at facilitating the performance of the work by non-Russian speakers, without their embarking on an extensive study of Russian diction. The approach to the transliteration here is therefore pragmatic: it is based not on written or spoken words, but on the words' aural qualities when sung. The difference may be demonstrated by the pronunciation of the Russian unstressed *i*, which is always longer in singing, and which is consequently transliterated here as *ee*. To this end, we have designed transliteration procedures that do not entirely conform to any specific existing model; though we have employed some elements of various known transliteration systems, we have combined and modified them to suit our purpose. As always, however, consultation with a specialist in Russian diction or a native speaker is highly desirable, since, despite our efforts, certain sounds can only be fully grasped aurally.

The table below explains our transliteration of those vowels and consonants that are pronounced differently in English. They are listed in the order of the Roman alphabet with examples of sounds in English that convey the desired Russian equivalents as closely as possible.

Transliteration	Similar sounds in English pronunciation	Russian
a	As *a* in fAther.	а
ch	As *ch* in peaCH.	ч
e	As *e* in sEt. (For use after soft consonants indicated by an apostrophe, see *Nota bene* in Additional symbols.)	э
ee	As *ee* in indEEd.	и
g	As *g* in Go.	г
ï	No exact English equivalent; a thick back-throat sound, somewhat close to *i* in Ill or dIll.	ы
kh	As *ch* in BaCH in German, or *j* in José in Spanish.	х
o	As *o* in pOrt.	о
oo	As *oo* in kangarOO.	у
r	Always rolled.	р
shch	No exact equivalent. The sound is close to *sh* in SHeet or *sh ch* in freSH CHeese, if said as one word: freSHCHeese.	щ
ts	As *ts* in caTS.	ц
y	As *y* at the end of daY or boY.	й
ya	As *ya* in YArd. (For use after soft consonants indicated by an apostrophe, see *Nota bene* in Additional symbols.)	я
ye	As *ye* in YEllow. (For use after soft consonants indicated by an apostrophe, see *Nota bene* in Additional symbols.)	е
yo	As *yo* in YOga. (For use after soft consonants indicated by an apostrophe, see *Nota bene* in Additional symbols.)	ё
yu	As YOU or *eau* in bEAUtiful. (For use after soft consonants indicated by an apostrophe, see *Nota bene* in Additional symbols.)	ю
zh	As *s* in pleaSure.	ж

Additional symbols	
ə (schwa)	A sign for a mid-central neutral vowel, used for the unstressed vowels *a* and *o*; its sound is between *a* and *o*, close to *o* in mOther or to *a* in sofA.
ʼ (apostrophe)	Softness sign; used to soften the preceding consonant and to allow a short glide of the following vowel to be heard, as *n* in News or *t* in Tune. Soft consonants result from raising the tongue higher than for a corresponding 'hard', non-palatalised sound. *Nota bene*: after the softness sign, the Russian *e* sounds similar to *e* in yEsterday, but with a shortened and almost imperceptible glide. The same principle applies to *ya*, *ye*, *yo*, and *yu* after the softness sign.

M.M., D.L.

French text

The French text of *Les Noces* is a careful adaptation of the Russian, rather than a direct translation, undertaken by Charles-Ferdinand Ramuz in close collaboration with the composer. The French text in the present edition corresponds to that in the final draft of the piano-vocal score, with four provisos. In the first place, punctuation has been added where required (even though Ramuz, while proofreading, indicated that he liked the lack of punctuation and left the text uncorrected intentionally).[1] Secondly, the versification has been clarified, where necessary, through the use of capital letters to denote the beginning of new lines. Then, where there is a discrepancy between the text in Stravinsky's final draft and that published in the first edition (1923), the latter has been given, which almost certainly reflects later changes made by Ramuz. The fourth point concerns the unstressed final syllable of French words such as *comme*, which may or may not be fitted to an individual note in the vocal parts; frequently this syllable is 'mute'. Stravinsky's final draft treats the text in these instances in a variety of ways: a one-syllable *comme*, for instance, may be given as *comm(e)*, *comm'* or in full, *comme*. In the present edition, an apostrophe generally replaces a mute syllable where the next word begins with a consonant, but not if the ensuing word begins with a vowel. The 'mute' syllable is generally given where the word ends a line or phrase on a sustained note. Finally, a remark on the notation. Stravinsky sometimes had to rewrite the melody of the vocal parts in order to accommodate the French text. In this edition, any notes that belong only to the French text are cue-sized.

M.M., M.S.

1 See Ramuz, letter to Stravinsky, 3 March 1922 (*Stravinsky: Selected Correspondence*, ed. Robert Craft, 3 vols (New York, 1982–85), vol. 3, p. 67).

à Serge Diaghilev
СВАДЕБКА
ЧАСТЬ ПЕРВАЯ
КАРТИНА ПЕРВАЯ
У НЕВЕСТЫ
LES NOCES
PREMIÈRE PARTIE
PREMIER TABLEAU
CHEZ LA MARIÉE
Igor Stravinsky
Soprano Solo
Ко - са ль мо - я ко... Ко - са мо - я ко - сынь - ка ру - са - я!
Ko - sa l' mə - ya ko... Ko - sa mə - ya ko - sïn' - ka roo - sa - ya!
Tres - se, tres - se, ma ma tresse à moi, ma tresse à moi!
1 Занавес – Rideau
1) Ве - чор те - бя ко - сынь - ка ма - ту - шка пля - ла...
1) V'e - chor t'e - b'ya ko - sïn' - ka ma - too - shka pl'ya - la...
1) Ma mèr' t'a - vait le soir tres - sée soi - gneu - se - ment,
2) Се - ре - бря - ным ко - леч - ком ма - ту - шка ви - ла...
2) S'e - r'e - br'ya - nïm kə - l'ech - kəm ma - too - shka vee - la...
2) Tresse, elle t'a - vait pei - gnée a - vec un pei - gne d'ar - gent,
(Невеста)
(La mariée)
О - о - хо - хо! Е -
O - o - kho - kho! Ye -
Pauvr', pau - vre d'moi, pauvre
1) Ма - ту - шка пля - ла...
1) Ma - too - shka pl'ya - la...
1) Elle t'a - vait tres - sée!
2) Ма - ту - шка ви - ла...
2) Ma - too - shka vee - la...
2) Elle t'a - vait pei - gnée!

23
2
♩. = 80
S.
s.
a.
p
f
- ще ох - ти мне!
- shche okh - tee mn'e!
en - core u - ne fois!
(Подружки)
(Les amies de noces)
mezza voce
Че - су, по - че - су Нас - тась - и - ну ко - су, Че -
Che - soo, pə - che - soo Nas - tas' - ee - noo ko - soo, Che -
On tresse, on tres - se - ra la tresse à Nas - ta - sie, On
26
- су, по - че - су Ти - мо - фе - ев - ны ру - су, а е - ще по - че - су,
- soo, pə - che - soo Tee - mə - f'e - yev - nï roo - soo, a ye - shche pə - che - soo,
tres - se - ra la tresse à Ti - mo - fé - iév - na, La tresse on pei - gne - ra,
29
3
А - лу лен - ту у - пле - ту.
A - loo l'en - too oo - pl'e - too.
A - vec un beau ru - ban rou - ge.
а и ко - су за - пле - ту,
a ee ko - soo za - pl'e - too,
puis la tresse on tres - se - ra,
p sub.
Че - су, по - че - су Нас -
Che - soo, pə - che - soo Nas -
On tresse, on tres - se - ra la
33
- тась - и - ну ко - су, Че - су, по - че - су Ти - мо - фе - ев - ны ру - су, Че -
- tas' - ee - noo ko - soo, Che - soo, pə - che - soo Tee - mə - f'e - yev - nï roo - soo, Che -
tresse à Nas - ta - sie, On tres - se - ra la tresse à Ti - mo - fé - iév - na, On
36
- су по - че - су, ру - су ко - су че - су, Час - тым гре - бнем рас - че - су.
- soo pə - che - soo, roo - soo ko - soo che - soo, Chas - tïm gr'e - bn'em ras - che - soo.
te tres - se - ra, on te pei - gne - ra bien, tresse, A - vec le pei - gne fin.

4
(Невеста)
(La mariée)
Tempo I ♪ = 80
39
S.
ff
При - е - ха - ла сва - шень ка не - ми - лост - ли - ва,
Pree - ye - kha - la sva - shen' - ka n'e - mee - ləst - lee - va,
Un jour, qui est ar - ri - vé? C'est la ma - ri - eu - se, la
46
S.
что не ми - лост - ли - ва И не жа - лост - ли - ва!
shto n'e mee - ləst - lee - va Ee n'e zha - ləst - lee - va!
mé - chan - te, l'en - vi - eu - se, la sans cœur, sans pi - tié.
5
52
♪ = 160
S.
На - ча - ла ко - сынь - ку
Na - cha - la ko - sïn' - koo
A com - men - cé fille à pin -
57
S.
[♪ = ♪]
рвать и щи - пать
rvat' ee shchee - pat'
- cer, tresse à ti - rer,
62
[♪ = ♪]
S.
6
И рвать и щи - пать
Ee rvat' ee shchee - pat'
Ti - rer la tress', pin - cer la
s.
ff
p
Рвать и щи - пать
Rvat' ee shchee-pat'
tresse à ti - rer,
a.
ff
p
67
S.
на две за - пле - тать
na dv'e za - pl'e - tat'
fille, puis la tress' par - ta - ger,

72
S.
О - о - хо - хо! Е - - ще - ох - ти - мне!
O - o - kho - kho! Ye - shche okh - tee mn'e!
Pauvr', pau - vre d'moi, pauvre en - core u - ne fois!
s.
На две за - пле - тать...
Na dv'e za - pl'e - tat'...
la par - ta - ger...
a.
7
♩. = 80
(Подружки)
(Les amies de noces)
mezza voce
75
Че - су, по - че - су Нас - тась - и - ну ко - су, Че - су, по - че - су Ти - мо -
Che - soo, pə - che - soo Nas - tas' - ee - noo ko - soo, Che - soo pə - che - soo Tee - mə -
On tresse, on tres - se - ra la tresse à Nas - ta - sie, On tres - se - ra la tresse à
78
- фе - ев - ны ру - су, а е - ще по - че - су, а и ко - су за - пля -
- f'e - yev - nï roo - soo, a ye - shche pə - che - soo, a ee ko - soo za - pl'ya -
Ti - mo - fé - iév - na, La tresse on pei - gne - ra puis la tresse on tres - se -
81
M.s.
А - лу лен - ту у - пля - ту, Го - лу - бо - ю пе - ре -
A - loo l'en - too oo - pl'ya - too, Gə - loo - bo - yu p'e - r'e -
A - vec un beau ru - ban rouge, a - vec un beau ru - ban
8
- ту,
- too,
- ra,
Го - лу - бо - ю пе - ре -
Ga - loo - bo - yu p'e - r'e -
a - vec un beau ru - ban

(Невеста)
(La mariée)
Tempo I ♪ = 80
85
ff
9
♩ = 120
S.
Ко - са ль мо - я ко - сынь-ка ру - са - я...
Ko - sa l' mə - ya ko - sïn'-ka roo - sa - ya...
Ma tresse à moi, ma bel - le tresse à moi.
M.s.
- вью!
- v'yu!
bleu!
s.
- вью!
- v'yu!
bleu!
f
Не кличь, не кличь ле -
N'e kleech, n'e kleech l'e -
Con - so - le - toi, con - so - le -
a.
- вью!
- v'yu!
bleu!
Не кличь, не кличь ле -
N'e kleech, n'e kleech l'e -
Con - so - le - toi, con - so - le -
92
s.
- бё - душ - ка, не кличь в по - ле бе - ла - я, Не плачь не ту - жи, Нас -
- b'yo - doosh - ka, n'e kleech v po - l'e b'e - la - ya, N'e plach n'e too - zhï, Nas -
- toi, pe - tit oi - seau, Ne pleu - re pas, Nas - ta - si' ma ché - rie, T'af -
a.
- бё - душ - ка, не кличь в по - ле бе - ла - я, не плачь не ту - жи, Нас -
- b'yo - doosh - ka, n'e kleech v po - l'e b'e - la - ya, n'e plach n'e too - zhï, Nas -
- toi, pe - tit oi - seau, Ne pleu - re pas, Nas - ta - si' ma ché - rie, T'af -

97
S.
-тась - ю - шка, Не плачь не грус - ти, ду - ша Ти - мо - фе - ев - на,
-tas'-yu - shka, N'e plach n'e groos - tee, doo - sha Tee - mə - f'e - yev - na,
-fli - ge pas, pleu - re pas, pleu - re pas, mon cœur, Ti - mo - fé - iév - na.
A.
-тась - ю - шка, Не плачь не грус - ти, ду - ша Ти - мо - фе - ев - на,
-tas'-yu - shka, N'e plach n'e groos - tee, doo - sha Tee - mə - f'e - yev - na,
-fli - ge pas, pleu - re pas, pleu - re pas, mon cœur, Ti - mo - fé - iév - na.
10
102
T.
f
По ба - - - - тюш - ке, по ма - ту -
Pə ba - - - - t'yush - k'e, pə ma - too -
Quand mê - me tu t'en vas, tu t'en vas là -
B.
f
по ма - ту -
pə ma - too -
tu t'en vas là -
106
T.
-шке,
-shk'e,
-bas,
11
B.
-шке,
-shk'e,
-bas,
sf
Как све - кор ли
Kak sv'e - kor lee
Ton beau - pè - re
S.
f
По гром - ком со - ло - вье во са - ду.
Pə grom - kəm sə - lə - v'ye və sa - doo.
Un ros - si - gnol y chan - te pour toi.
A.
f
По гром - ком со - ло - вье во са - ду.
Pə grom - kəm sə - lə - v'ye və sa - doo.
Un ros - si - gnol y chan - te pour toi.

109
S.
Уж как свек - ровь ли
Oozh kak sv'ek - rov' lee
Et te re - ce - vra a - vec é -
B.
ба - тюш - ка к те - бе бу - дет ми - лос - тлив, как свек - ровь ли
ba - t'yush - ka k t'e - b'e boo - d'et mee - ləs - tleev, kak sv'ek - rov' lee
t'ou - vri - ra les bras quand tu vien - dras, Te re - ce - vra a - vec é -
113
S.
ма - туш - ка к те - бе бу - дет ми - лос - тли - ва к те - бе бу - дет
ma - toosh - ka k t'e - b'e boo - d'et mee - ləs - tlee - va k t'e - b'e boo - d'et
- gard, a - vec bon - té, a - vec ten - dres - se ta bel - le - mère et
B.
ма - туш - ка к те - бе бу - дет ми - лос - тли - ва к те - бе бу - дет
ma - toosh - ka k t'e - b'e boo - d'et mee - ləs - tlee - va k t'e - b'e boo - d'et
- gard, a - vec bon - té, a - vec ten - dres - se ta bel - le - mère et
117
12
f
S.
жа - лос - тли - ва. Хве - тис, су - дарь Пам - филь - е - вич у те -
zha - ləs - tlee - va. Khv'e - tees, soo - dar' Pam - feel' - ye - veech oo t'e -
t'ai - me - ra. Sei - gneur Fé - tis Pam - fi - lié - vitch, un bel
B.
жа - лос - тли - ва.
zha - ləs - tlee - va.
t'ai - me - ra.
s.
Хве - тис, су - дарь Пам - филь - е - вич у те -
Khv'e - tees, soo - dar' Pam - feel' - ye - veech oo t'e -
Sei - gneur Fé - tis Pam - fi - lié - vitch, un bel
a.
Хве - тис, су - дарь Пам - филь - е - вич у те -
Khv'e - tees, soo - dar' Pam - feel' - ye - veech oo t'e -
Sei - gneur Fé - tis Pam - fi - lié - vitch, un bel
123
s.
- бя со - ло - вей во са - ду, Ва вы - со - ком те - ре -
- b'ya sə - lə - v'ey və sa - doo, Va vï - so - kəm t'e - r'e -
arbre est de - dans ton jar - din, Dans l'arbre un ros - si - gnol chan - te,
unis.
a.
- бя со - ло - вей во са - ду, Ва вы - со - ком те - ре -
- b'ya sə - lə - v'ey və sa - doo, Va vï - so - kəm t'e - r'e -
arbre est de - dans ton jar - din, Dans l'arbre un ros - si - gnol chan - te,

128
13
s.
- му, Ва вы - со - ком И - зу - кра - шен - ном
- moo, Va vï - so - kəm Ee - zoo - kra - shen - nəm
N'est - ce pas qu'il chante a - fin qu'ell' soit con - ten - te;
a.
- му, Ва вы - со - ком И - зу - кра - шен - ном
- moo, Va vï - so - kəm Ee - zoo - kra - shen - nəm
N'est - ce pas qu'il chante a - fin qu'ell' soit con - ten - te;
133
s.
Де - нё - чек он свис - тит и всю но - чень -
D'e - n'yo - chek on svees - teet ee vs'yu no - chen' -
Chan - tant la nuit, le jour, lui chan - tant là -
a.
Де - нё - чек он свис - тит и всю но - чень -
D'e - n'yo - chek on svees - teet ee vs'yu no - chen' -
Chan - tant la nuit, le jour, lui chan - tant là -
138
14
s.
- ку по - ёт. Те - бя ли, те - бя ли Нас -
- koo pə - yot. T'e - b'ya lee, t'e - b'ya lee Nas -
- haut ses a - mours. C'est pour toi, Nas - ta - si' Ti - mo -
a.
- ку по - ёт. Те - бя ли, те - бя ли Нас -
- koo pə - yot. T'e - b'ya lee, t'e - b'ya lee Nas -
- haut ses a - mours. C'est pour toi, Nas - ta - si' Ti - mo -
142
s.
- тась - юш - ка те - бя ли, свет Ти - мо - фе - ев - ну
- tas' - yush - ka t'e - b'ya lee, sv'et Tee - mə - f'e - yev - noo
- fé - iév - na, C'est pour toi qu'il chante et qu'il chan - te - ra, Il
a.
- тась - юш - ка те - бя ли, свет Ти - мо - фе - ев - ну
- tas' - yush - ka t'e - b'ya lee, sv'et Tee - mə - f'e - yev - noo
- fé - iév - na, C'est pour toi qu'il chante et qu'il chan - te - ra, Il

15
146
s.
За ______ бав - ля - ет у - тс - ша - ст, спать дол - го не ме -
Za ______ bav - l'ya - yet oo - t'e - sha - yet, spat' dol - gə n'e m'e -
chan - te - ra ______ sa plus bell' chan - son pour toi, Dor - mir te lais - se -
a.
За ______ бав - ля - ет у - те - ша - ет, спать дол - го не ме -
Za ______ bav - l'ya - yet oo - t'e - sha - yet, spat' dol - gə n'e m'e -
chan - te - ra ______ sa plus bell' chan - son pour toi, Dor - mir te lais - se -

150
16
ff
s.
- ша - ет к о - бед - ням раз - бу - жа - ет. ___ Рай, рай! у - да - лый
- sha - yet k ə - b'ed - n'yam raz - boo - zha - yet. ___ Ray, ray! oo - da - lïy
- ra, ______ pour la messe il ___ te ré - veil - le - ra. ___ Va, va! chan - te, pe - tit
a.
- ша - ет к о - бед - ням раз - бу - жа - ет. ___ Рай, рай! у - да - лый
- sha - yet k ə - b'ed - n'yam raz - boo - zha - yet. ___ Ray, ray! oo - da - lïy
- ra, ______ pour la messe il ___ te ré - veil - le - ra. ___ Va, va! chan - te, pe - tit
t.
Рай, рай!
Ray, ray!
Va, va!
b.
Рай, рай!
Ray, ray!
Va, va!

17
155
s.
a.
t.
b.
ff
ско - мо - ро - шек с се - ла до се - ла, Рай, рай!
skə - mə - ro - shek s s'e - la də s'e - la. Ray, ray!
oi - seau, chan - te, Chante, oi - seau, sur ta bran - che, Va, va!
Рай, рай!
Ray, ray!
Va, va!
159
B.
sub.p
Уж чтоб бы - ла
Oozh shtob bï - la
Et que tout lui
Чтоб на - ша Нас - тась - юш - ка чтоб бы - ла ве - се - ла, Рай!
Shtob na - sha Nas - tas' - yush-ka shtob bï - la v'e - s'e - la, Ray!
Nas - ta - si' se - ra con - ten - te, com - mence et re - com - men - ce, Va!
Рай!
Ray!
Va!

164
18
S.
B.
b.
f
С под ка - муш - ка
S pəd ka - moosh-ka
De - dans la mousse
за - всег - да.
za - vs'eg - da.
soit di - man - che.
С под ка - муш - ка с под бе - ло - ва...
S pəd ka - moosh-ka s pəd b'e - lo - və...
De - dans la mousse un ruis - seau coul',
f molto pp
С под ка - муш - ка...
S pəd ka - moosh-ka...
De - dans la mouss',
168
19
С под бе - ло - ва ру - че - ёк бе - жит ру - че - ёк бе - жит.
S pəd b'e - lə - və roo - che - yok b'e - zhït roo - che - yok b'e - zhït.
un ruis - seau coule, On est ve - nu là, on s'est as - sis là,
172
M.s.
ff
С под ка - муш - ка с под бе - ло - ва цим - ба - ла - ми бьют,
S pəd ka - moosh - ka s pəd b'e - lə - və tsïm - ba - la - mee b'yut,
On rit, on boit le tam - bour bat. De la flûte on joue
цим - ба - ла - ми бьют,
tsïm - ba - la - mee b'yut,
De la flûte on joue
176
20
и пьют и льют в та-рел - ки бьют.
ee p'yut ee l'yut v ta-r'el - kee b'yut.
et tout' qui tournent et tous qui s'poussent.
и пьют и льют в тарел - ки бьют.
ee p'yut ee l'yut v ta-r'el - kee b'yut.
et tout' qui tournent et tous qui s'poussent.
s.
Вот, знать на - шу Нас-тюш - ку, знать
Vot, znat' na - shoo Nas-t'yush-koo, znat'
No - tre Nas - ta - si', bien ai - mée
180
unis.
a.
на - шу Ти - мо - фе - ев - ну к вен - ча - нью ве - дут.
na - shoo Tee - mə - f'e - yev - noo k v'en - cha - n'yu v'e - doot.
pour ses noces est a - me - née, Nous est a - me - née.
к вен - ча - нью ве - дут.
k v'en - cha - n'yu v'e - doot.
Nous est a - me - née.

21
(Невеста и мать)
(La fiancée et la mère)
♩ = 80
mf
S.
За... за - пле - ти тко
Za... za - pl'e - tee tkə
Tres - - - - - - - - sez - la - moi ma
22
мне ру - су ко - - су Уж ты
mn'e roo - soo ko - - soo Oozh tï
tres - se comme il faut, que ça
из ко - рню ту - го - - хонь - - ко, Сре - ди
eez ko - rn'yu too - go - - khən' - - kə, Sr'e - dee
soit ser - ré dans le haut, Pas au -
23
ко - сы ме - лё - хонь - - - ко, под
ko - sï m'e - l'yo - khən' - - kə, pəd
- tant dans le mi - - - lieu, A -
♩ = ♩. (80)
ко нец то - - а лу лен - то - чку.
kə n'ets tə - - a - loo l'en - tə - chkoo.
- vec au bout un beau ru - ban bleu.
24
♩ = ♩. (80)
(Подружки)
(Les amies de la mariée)
mezza voce
f p
s.
a.
Че - су, по - че - су Нас - тась - и - ну ко - су, Че - су, по - че - су Ти - мо -
Che - soo, pə - che - soo Nas - tas' - ee - noo ko - soo, Che - soo, pə - che - soo Tee - mə -
On tresse, on tress' - ra la tresse à Nas - ta - sie, On tres - se - ra la tresse à
25
- фе - ев - ны ру - су, Ё - ще по - чо - су Нас - тась - и - ну ко - су, Ё -
- f'e - yev - nï roo - soo, Ye - shche pə - cho - soo Nas - tas' - ee - noo ko - soo, Ye -
Ti - mo - fé - iév - na, On la tres - se - ra et en - core u - ne fois,

212
s.
a.
p
f
-ще по-чо-су Ти-мо-фе-ев-ны ру-су, А е-ще по-че-су,
-shche pә-cho-soo Tee-mә-f'e-yev-nï roo-soo, A ye-shche pә-che-soo,
el de bas en haut, Et de haut en bas la tresse on pei-gne-ra,
215
piena voce
mezza voce
26
а и ко-су за-пле-ту А лу лен-ту у-пле-ту, Че-су, по-че-су Нас-
a ee ko-soo za-pl'e-too A loo l'en-too oo-pl'e-too, Che-soo, pә-che-soo Nas-
Puis la tresse on tres-se-ra a-vec un beau ru-ban rouge. On tresse, on tress'-ra la
219
-тась-и-ну ко-су, Че-су, по-че-су Ти-мо-фе-ев-ны ру-су, Че-
-tas'-ee-noo ko-soo, Che-soo, pә-che-soo Tee-mә-f'e-yev-nï roo-soo, Che-
tresse à Nas-ta-sie, On tres-se-ra la tresse à Ti-mo-fé-iév-na, La
222
-су, по-че-су, ру-су ко-су чо-су, Час-тым греб-нем рас-че-су.
-soo, pә-che-soo, roo-soo ko-soo cho-soo, Chas-tïm gr'eb-n'em ras-che-soo.
tresse on pei-gne-ra, On la pei-gne-ra bien a-vec le pei-gne fin.
attacca subito
27
КАРТИНА ВТОРАЯ
У ЖЕНИХА
DEUXIÈME TABLEAU
CHEZ LE MARIÉ
♩ = 120
225
t.
b.
Пре-чис-та-я Мать хо-ди, хо-ди к нам у
Pr'e-chees-ta-ya Mat' khә-dee, khә-dee k nam oo
Daigne, ai-ma-ble mèr', daigne en-trer dans la chau-

227
t.
хать, сва - хе по - мо - гать ку - дри рас - че -
khat', sva - khe pə - mə - gat' koo - dree ras - che -
- mièr', dai - gne nous ai - der les boucles à dé -
b.
хать, сва - хе по - мо - гать ку - дри рас - че -
khat', sva - khe pə - mə - gat' koo - dree ras - che -
- mièr', dai - gne nous ai - der les boucles à dé -
229
28
a.
f
Хве - тись - е - вы куд - ри, Пам - филь - и - ча ру - сы.
Khv'e-tees'-ye - vï kood-ree, Pam - feel' - ee - cha roo - sï.
les boucl' du ma - rié. les boucl' du bou - clé,
t.
p sub.
- сать, Хве - тись - е - вы куд - ри, куд - ри рас - че - сать, Пам - филь - и - ча ру - сы.
- sat', Khv'e-tees'-ye - vï kood-ree, kood-ree ras - che - sat', Pam - feel' - ee - cha roo - sï.
- fair', les boucl' du ma - rié. Dai - gne dé - mê - ler les boucl' du bou - clé,
b.
- сать, Хве - тись - е - вы куд - ри, куд - ри рас - че - сать, Пам - филь - и - ча ру - сы.
- sat', Khv'e-tees'-ye - vï kood-ree, kood-ree ras - che - sat', Pam - feel' - ee - cha roo - sï.
- fair', les boucl' du ma - rié. Dai - gne dé - mê - ler les boucl' du bou - clé,
232
t.
Хо - ди, хо - ди к нам у хать, хо - ди к нам у хать куд - ри рас - че - сать.
Khə - dee, khə - dee k nam oo khat', khə - dee k nam oo khat' kood - ree ras - che - sat'.
En - tre Mèr' dans la chau - mièr', Dai - gne nous ai - der les boucles à dé - fair'.
b.
Хо - ди, хо - ди к нам у хать, хо - ди к нам у хать куд - ри рас - че - сать.
Khə - dee, khə - dee k nam oo khat', khə - dee k nam oo khat' kood - ree ras - che - sat'.
En - tre Mèr' dans la chau - mièr', Dai - gne nous ai - der les boucles à dé - fair'.

29
235
T.
B.
Чем че - сать, чем мас - лить да Хве - тись - с - ы ку
Chem che - sat', chem mas - leet' da Khv'e - tees' - ye - vï koo -
A - vec quoi qu'on pei - gne - ra les bou - cles de Fé -
Чем че -
Chem che -
A - vec
238
- (у) - (у) - дри?
- (oo) - (oo) - dree?
- (ê) - - (ê) - - tis?
- сать, чем мас - лить да Пам - фи - льи - ча ру - (у) - - (у) - сы?
- sat', chem mas - leet' da Pam - fee - l'ee - cha roo - (oo) - (oo) - sï?
quoi qu'on lus - tre - ra les bou - cles de Pam - fi - - lié - vitch?

30
242
t.
b.
Хо - ди, хо - ди к нам у хать, хо - ди к нам у хать Сва - хе по - мо - гать,
Khə-dee, khə-dee k nam oo khat', khə-dee k nam oo khat' Sva - khe pə - mə - gat',
Daigne en - trer dans la chau - mièr', Daigne ai - ma - ble mèr' la ma - rieuse ai - der
Хо - ди, хо - ди к нам у хать, хо - ди к нам у хать Сва - хе по - мо - гать,
Khə-dee, khə-dee k nam oo khat', khə-dee k nam oo khat' Sva - khe pə - mə - gat',
Daigne en - trer dans la chau - mièr', Daigne ai - ma - ble mèr' la ma - rieuse ai - der

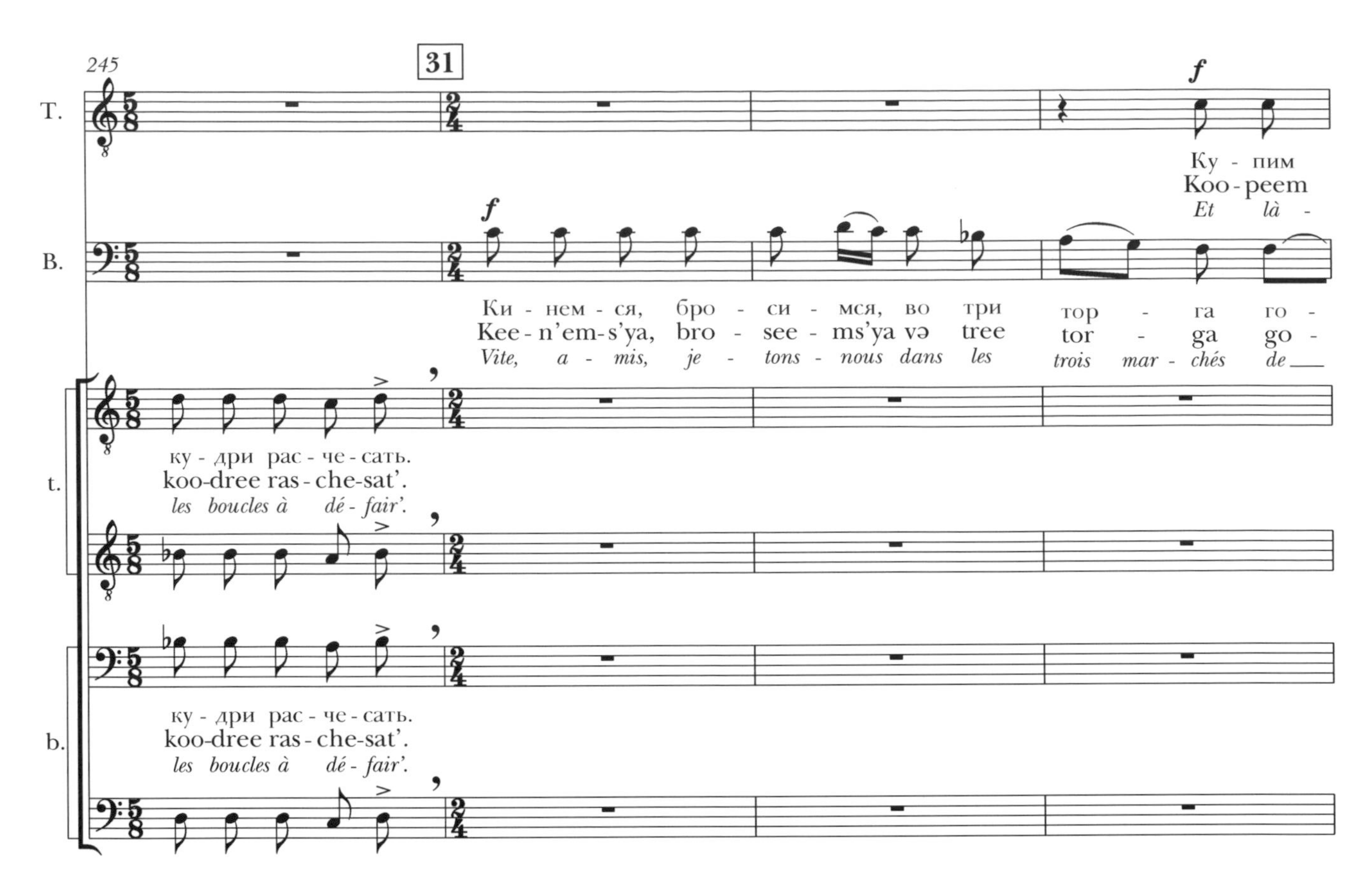
245
31
T.
B.
t.
b.
f
Ку - пим
Koo-peem
Et là -
Ки - нем - ся, бро - си - мся, во три тор - га го -
Kee - n'em-s'ya, bro - see - ms'ya və tree tor - ga go -
Vite, a - mis, je - tons - nous dans les trois mar - chés de
ку - дри рас - че - сать.
koo-dree ras - che-sat'.
les boucles à dé - fair'.
ку - дри рас - че - сать.
koo-dree ras - che-sat'.
les boucles à dé - fair'.

249
32
T.
B.
мы, ку - пим мы Па - ра - ван - ска - го ма - (а) - (а) - сла, Раз - че -
mï, koo-peem mï Pa - ra - van - skə - və ma - (a) - (a) - sla, Raz - che -
- bas, là - bas u - ne bou - teil - le d'huile on (on) au - ra A - vec
- (о) - ро - да, Раз - че - шем, раз - мас - лим Хве - ти - со - вы ку -
- (o) - rə - da, Raz-che-shem, raz - mas-l'eem Khv'e-tee - sə - vï koo -
la vil - le; a - vec quoi fai - re bril - ler les boucl' du bou -

254
T.
B.
- шем, раз - мас - лим Пам - фи - лья - ча ру - (у) - (у) - сы!
- shem, raz - mas - leem Pam - fee - l'ee - cha roo - (oo) - (oo) - sï!
quoi fai - re bril - ler les bou - cles du ma - ri - é.
- (у) - (у) - дри!
- (oo) - (oo) - dree!
- (ou) - (ou) - clé?

33
258
p
t.
Пре-чис-та-я Мать, хо-ди, хо-ди к нам у хать, Сва-хе по-мо-гать
Pr'e-chees-ta-ya Mat', khə-dee, khə-dee k nam oo khat', Sva-khe pə-mə-gat'
Daigne ai-ma-ble mèr', daigne en-trer dans la chau-mièr', Dai-gne nous ai-der
b.
Пре-чис-та-я Мать, хо-ди, хо-ди к нам у хать, Сва-хе по-мо-гать
Pr'e-chees-ta-ya Mat', khə-dee, khə-dee k nam oo khat', Sva-khe pə-mə-gat'
Daigne ai-ma-ble mèr', daigne en-trer dans la chau-mièr', Dai-gne nous ai-der
261
34
ff
T.
Хо-ди, хо-ди к нам у хать куд-ри рас-че-сать!
Khə-dee, khə-dee k nam oo khat' kood-ree ras-che-sat'!
Les boucles à dé-fai-re, les boucles à dé-mê-ler!
t.
куд-ри рас-че-сать.
kood-ree ras-che-sat'.
les boucles à dé-fair',
b.
куд-ри рас-че-сать.
kood-ree ras-che-sat'.
les boucles à dé-fair',
35
Meno mosso
♩ = 104
264
mf
M.s.
Ви-чор са ви-чо-ру си-дел Хве-
Vee-chor sa vee-cho-roo see-d'el Khv'e-
Hier soir, hier soir en-co-re Fé-tis é-
(Отец)
(Le père)
268
M.s.
-тис во ти-ре-му.
-tees və tee-r'e-moo.
-tait dans sa mai-son.

36 (Родители по-очереди)
(Les parents tour à tour)
273
M.s.
Вы ко - му то куд-ри дос - та - ни - тесь?
Vï kə - moo tə kood-ree dəs - ta - nee - t'es'?
Et à qui ê - tes - vous à pré - sent, bel - les bou - cles blondes?
278
M.s.
Ой, вы ко - му то ру - сы до - ста - ни - тесь?
Oy, vï kə - moo tə roo - sï də - sta - nee - t'es'?
Et à qui ê - tes - vous à pré - sent, bel - les bou - cles rondes,
283 37
M.s.
Вы ко - му то ру - сы до - ста - не - тесь? Уж ты
Vï kə - moo tə roo - sï də - sta - n'e - t'es'? Oozh tï
à qui les boucles, à qui le gar - çon? A - lors,
287
S.
mf
...Ты по - ле - лей ру - сы!
...Tï pə - l'e - l'ey roo - sï!
Les bou - cles du bou - clé
M.s.
Нас - тюш - ка по - ле - лей куд - ри,
Nas - t'yush - ka pə - l'e - l'ey kood - ree,
vois - tu Nas - ta - si - e soi - gne - les.
292 38
S.
Ты Ти - мо - фе - ев - на по - ле - лей ру - сы.
Tï Tee - mə - f'e - yev - na pə - l'e - l'ey roo - sï.
et le bou - clé aus - si, soi - gne le bou - clé.
297
S.
39
Уж ви - лись, по - ви - лись на Хве - ти -
Oozh vee - lees', pə - vee - lees' na Khv'e - tee -
O, bou - cles du bou - clé, faut voir com - me
302
S.
- су ку - дри, ви - лись, по - ви - лись на Пам - фи - льи -
- soo koo - dree, vee - lees', pə - vee - lees' na Pam - f'e - l'ee -
vous bou - clez, Faut voir com - me vous fri - sez, ô, fri - son du

40
Poco più mosso ♩ = 112
307
S.
- чу ру - сы.
- choo roo - sï.
fri - sé!
M.s.
Да при - го - ва - ри - ва - ла:
Da pree-gə - va - ree - va - la:
fri - sant, se la - - men - tait:
T.
Да при - го - ва - ри - ва - ла:
Da pree-gə - va - ree - va - la:
fri - sant, se la - - men - tait:
B.
- чу ру - сы.
- choo roo - sï.
fri - sé!
s.
p
„Будь ты мо - е ди - тят - ко бе -
„Bood' tï mə - ye dee - t'yat - kə b'e -
„Mon fils, mon cher fils que j'ai
a.
p
312
T.
f
Бе - ло и ру - мя - но.
B'e - lə ee roo - m'ya - nə.
Cher en - fant né de moi;
s.
- ло ру - мя - но,
- lə roo-m'ya - nə,
por - té neuf mois,
ру - мя - но и не - у - ро - чли -
roo - m'ya-nə ee n'e-oo - ro - chlee -
Voi - là qu'à pré - sent une au - tre t'au -
a.
40
41 Tempo I ♩ = 120
(Женщины) (Les femmes)
317
S.
f
На ком ку - дри на ком ру -
Na kom koo-dree na kom roo -
À qui les bou - cles les bell'
s.
- во!"
- və!"
- ra,
a.

322
S.
-сы - я? На Хве-ти-су ку-дри ру - сы - я, на Пам-филь - и-чу по-рас -
-sï - ya? Na Khv'e-tee-soo koo-dree roo - sï - ya, na Pam-feel' - ee-choo pə-ras -
blon - des, les bien dé-mê - lé - es, les bien ron - des, Les si bien lus - trées, les si
326
S.
-че сан-ны - я, по-рас - че-сан-ны-я раз-бу - ма-жен-ны -
-che san-nï - ya, pə-ras - che-san-nï-ya raz-boo - ma-zhen-nï -
bien soi - gnées, les si bien pa - pil - lot - tées, les si bien ar - ran -
329
42
S.
- я.
- ya.
- gées!
332
f
S.
При-ле - гай-те, куд-ри ру - сы - я к мо-е - му ли-цу бе -
Pree-l'e - gay-t'e, kood-ree roo - sï - ya k mə-ye - moo lee-tsoo b'e -
Tom-bez bien en or-dre, boucl' blon - des, tout à l'en - tour et par de -
335
43
S.
- ло - му, к мо - е - му у - му ра - зу - му да
- lə - moo, k mə - ye - moo oo - moo ra - zoo - moo da
- vant. Et toi, Nas - ta - sie, ha - bi - tue - toi au gail - lard
s.
f
да
da
au gail - lard
a.
f
t.
f
да
da
au gail - lard
b.
f
А в Мос - кве в Моск - ве - то
A v Məs - kv'e v Məsk - v'e - tə
par - tout, par - tout même à Mos -
f

338
44
s.
что ко - бычь - ю мо - - ло - дец - ко - му.
shto kə - bïch - yu mə - - lə - d'ets - kə - moo.
qu'on est mê me si ça te con - vient pas.
p sub.
a.
что ко - бычь - ю мо - - ло - дец - ко - му. Пре - чис - та - я
shto kə - bïch - yu mə - - lə - d'ets - kə - moo. Pr'e - chees - ta - ya
qu'on est mê - me si ça te con - vient - pas. Daigne, ai - ma - ble
t.
что ко - бычь - ю мо - - ло - дец - ко - му. Пре - чис - та - я
shto kə - bïch - yu mə - - lə - d'ets - kə - moo. Pr'e - chees - ta - ya
qu'on est mê - me si ça te con - vient pas. Daigne, ai - ma - ble
b.
тем куд - рям взди - во - ва - ли - ся. Пре - чис - та - я
t'em kood - r'yam vzdee - və - va - lee - sya. Pr'e - chees - ta - ya
- cou tou - tes les fil - les lui sautent au cou. Daigne, ai - ma - ble
341
f
Мать, хо - ди, хо - ди к нам у хать, сва - хе по - мо - гать куд - ри рас - че - сать, Хве -
Mat', khə-dee, khə-dee k nam oo khat', sva - khe pə - mə - gat' kood-ree ras-che-sat' Khv'e -
mè - re, daigne en - trer dans la chau - mièr', Dai - gne nous ai - der les boucles à dé - fair', les

344
45
p sub.
f
a.
t.
b.
- тись - е - вы куд - ри, ку - дри рас - че - сать, Пам - фи - льи - ча ру - сы.
- tees' - ye - vï koo - dree, koo - dree ras - che - sat', Pam - fee - l'ee - cha roo - sï.
boucl' du ma - rié, Dai - gne dé - mê - ler les boucl' du bou - clé.

347
p sub.
a.
t.
b.
Хо - ди, хо - ди к нам у хать, хо - ди к нам у хать куд - ри рас - че - сать.
Khə - dee, khə - dee k nam oo khat', khə - dee k nam oo khat' koo - dree ras - che - sat'.
En - tre, mèr', dans la chau - mièr', Dai - gne nous ai - der les boucles à dé - fair'.

46
350
ff
s.
И ты Ма-терь Бо-(о)жь-я са-ма Бо-(о)-го-ро-ди-ча
Ee tï Ma-t'er' Bo-(o)zh-ya sa-ma Bə-(ə)-gə-ro-dee-cha
Sain-te mè-re, sois bon-ne, viens, Sain-te mère en per-son-ne,
a.
И ты Ма-терь Бо-(о)жь-я са-ма Бо-(о)-го-ро-ди-ча
Ee tï Ma-t'er' Bo-(o)zh-ya sa-ma Bə-(ə)-gə-ro-dee-cha
Sain-te mè-re, sois bon-ne, viens, Sain-te mère en per-son-ne,
t.
И ты Ма-терь Бо-(о)жь-я са-ма Бо-(о)-го-ро-ди-ча
Ee tï Ma-t'er' Bo-(o)zh-ya sa-ma Bə-(ə)-gə-ro-dee-cha
Sain-te mè-re, sois bon-ne, viens, Sain-te mère en per-son-ne,
352
47
f
s.
И со все-ми По-(о)с-то-ла-ми!
Ee sə vs'e-mee Po-(o)s-tə-lə-mee!
Très Sain-te mè-re de Jé-sus Christ,
a.
И со все-ми По-(о)с-то-ла-ми!
Ee sə vs'e-mee Po-(o)s-tə-lə-mee!
Très Sain-te mè-re de Jé-sus Christ,
t.
И со все-ми По-(о)с-то-ла-ми!
Ee sə vs'e-mee Po-(o)s-tə-lə-mee!
Très Sain-te mè-re de Jé-sus Christ,
pp
b.
По-(о)дь на свадь-бу, подь на свадь-бу.
Po-(o)d' na svad'-boo, pod' na svad'-boo.
Viens a-vec nous, viens a-vec nous:
pp

356
48
s.
a.
t.
b.
f
pp
И со все - ми сан - ге-ля-ми!
Ee sə vs'e - mee san - g'e-l'ya-mee!
Et les A - pô - tres, les Anges aus - si,
По-(о)дь на свадь - бу, подь на свадь - бу.
Po-(o)d' na svad'-boo, pod' na svad'-boo.
Viens a - vec nous, viens a - vec nous.

360
49
s.
a.
t.
b.
ff
pp
Бос-ло - ви Бо - жа, Бос-ло - ви Бо - жа,
Bəs - lə - vee Bo-zha, Bəs - lə - vee Bo-zha,
Dieu nous bé - nis - se, Dieu nous bé - nisse et
По-(о)дь на свадь - бу, подь на свадь - бу.
Po-(o)d' na svad'-boo, pod' na svad'-boo.
Viens a - vec nous, viens a - vec nous.

364
s.
Бо - жунь - ка По - (о)дь на свадь - бу, подь на свадь - бу, подь на свадь - бу!
Bo - zhoon' - ka Po - (o)d' na svad' - boo, pod' na svad' - boo, pod' na svad' - boo!
son Fils, Viens a - vec nous, viens a - vec nous, viens a - vec nous.
a.
Бо - жунь - ка По - (о)дь на свадь - бу, подь на свадь - бу, подь на свадь - бу!
Bo - zhoon' - ka Po - (o)d' na svad' - boo, pod' na svad' - boo, pod' na svad' - boo!
son Fils, Viens a - vec nous, viens a - vec nous, viens a - vec nous.
t.
Бо - жунь - ка По - (о)дь на свадь - бу, подь на свадь - бу, подь на свадь - бу!
Bo - zhoon' - ka Po - (o)d' na svad' - boo, pod' na svad' - boo, pod' na svad' - boo!
son Fils, Viens a - vec nous, viens a - vec nous, viens a - vec nous.
50
Жених
Le marié
368
= 80 Meno mosso
p ma sonore
B.
Бо - сло - ви - те о - течь с ма те - рью сва - во ца - ду
Bə - slə - vee - t'e ə - t'ech s ma - t'e - r'yu svə - vo tsa - doo
Et vous, père et mè - re, bé - nis - sez votre en - fant
une basse profonde du chœur
p ma sonore
Бо - сло - ви - те о - течь с ма те - рью сва - во ца - ду
Bə - slə - vee - t'e ə - t'ech s ma - t'e - r'yu svə - vo tsa - doo
Et vous, père et mè - re, bé - nis - sez votre en - fant

372
B.
ко сталь - ну гра - ду при - сту - пить ка - мен - ну сте - ну раз -
kə stol' - noo gra - doo pree-stoo-peet' ka - men-noo st'e - noo raz -
Qui s'ap - pro - che fiè - re - ment tou - te mu - rail - le ren - ver -
basse profonde
ко столь - ну гра - ду при - сту - пить ка - мен - ну сте - ну раз -
kə stol' - noo gra - doo pree-stoo-peet' ka - men-noo st'e - noo raz -
Qui s'ap - pro - che fiè - re - ment tou - te mu - rail - le ren - ver -

51
♩ = ♩. Più mosso
375
♩. = ♩ Tempo I
s.
mf
...Где си - дит там _ Хве - тис ___ го - су - дарь.
...Gd'e see - deet tam _ Khv'e - tees ___ gə - soo - dar'.
Là où se trou - ve le sei - gneur Fé - tis,
a.
mf
basse profonde
- бить ___ Сво - ю су - же -
- beet' ___ Svə - yu soo - zhe -
- sant. ___ Pour ra - vir ___
52
♩ = ♩. Più mosso
379
s.
mf
♩. = ♩
Так све - чей све - тик най - -
Tak sv'e - chey sv'e - teek nay - -
Là aus - si les ___ cier - ges, les cier - ges
a.
mf
basse profonde
- ну - ю по - - нять ___
- noo - yu pə - - n'yat' ___
sa ___ pro - - mise, ___
383
♩. = ♩ Tempo I
♩ = ♩.
s.
- дет.
- d'et.
brillent.
a.
basse profonde
В со - бор - чер - ковь ___ схо - дить, Се - ре - брян крест по - це - ло -
V sə - bor - cher - kəv' ___ skhə-deet', S'e - r'e - br'yan kr'est pə - tse - lə -
Qu'il ___ en - tre ___ dans ___ l'eg - lise et qu'il bai - se la croix d'ar -

Più mosso
386
53
(Первый дружко)
(Le premier ami de noces)
ff
B.
- вать.
- vat'.
- gent,
Смо трель-щи -
Smə - - tr'el'-shchee-
Rô - - deurs de
s.
mf
Бо-жья ми-лость Бо-го-ро-ди - ча!
Bo-zhya mee-ləst' Bə-gə-ro-dee - cha!
Et là No-tre Da-me l'at-tend.
a.
mf
basse profonde
- вать.
- vat'.
- gent,
390
B.
- ки, гля-дель-щи-ки, зе-ва-ки и па-лошны ко-лю-ба -
- kee, gl'ya-d'el'-shchee-kee, z'e-va-kee ee pa-losh-nï kə-l'yu-ba -
rou-te, traî-neurs de pieds, Et vous tous les pas-grand'-chose, frères, ar-ri -
393
54
B.
- ки,
- kee,
- vez,
ff
В путь до-ро -
V put' də-ro -
Pour qu'il se
s.
f
Бо-сло-ви-те-тко все кня-зя но-во-браш-на-ва
Bə-slə-vee-t'e-tkə v'se kn'ya-z'ya no-və-brash-nə-və
Bé-nis-sez tous le jeu-ne prin-ce qui va se ma-ri-er,
a.
f
396
B.
- жень-ку е-ха-ти су-же-но
- zhen'-koo ye-kha-tee soo-zhe-nə
mette heu-reus'-ment en route, Pren-ne ce qui lui

(Все)
(Tout le monde)
55
399
B.
ря - же - но взять
r'a - zhe - nə vz'yat'
est des - ti - né.
Ой!
Oy!
Hoï!
s.
Под зо - ло - той ве - нец сто - ять.
Pəd zə - lə - toy v'e - nets stə - yat'.
sous la cou - ron - ne d'or vien - ne se pla - cer.
Ой!
Oy!
Hoï!
a.
t.
Ой! Ле - бе -
Oy! L'e - b'e -
Hoï! Com - me
b.
Ой! Ле - бе -
Oy! L'e - b'e -
Hoï! Com - me

402
s.
И - ван па - ло!
Ee - van pa - lə!
La fleur pli - e,
a.
t.
- ди - но - е пе - ро у - па - да - ло И - ван па - ло! Пе - ред те - ре - мом
- dee - nə - ye p'e - ro oo - pə - da - lə Ee - van pa - lə! P'e - r'ed t'e - r'e - məm
la plu - me tombe et la fleur pli - e, La fleur pli - e, pli - e la fleur, La
b.
- ди - но - е пе - ро у - па - да - ло И - ван па - ло! Пе - ред те - ре - мом
- dee - nə - ye p'e - ro oo - pə - da - lə Ee - van pa - lə! P'e - r'ed t'e - r'e - məm
la plu - me tombe et la fleur pli - e, La fleur pli - e, pli - e la fleur, La

406
56
s.
a.
t.
b.
ff
f
p
И - ван па - ло!
Ee - van pa - lə!
tomb' la plu - me.
Ain -
у - па - да - ло И - ван па - ло! у - па - дал Хве - тис пе - ред ро - дным
oo - pə - da - lə Ee - van pa - lə! oo - pə - dal Khv'e - tees p'e - r'ed rəd - nïm
plu - me tom - be, tomb' la plume. Ain - si de - vant son pè - re, il s'est lais -
у - па - да - ло И - ван па - ло! у - па - дал Хве - тис пе - ред ро - дным
oo - pə - da - lə Ee - van pa - lə! oo - pə - dal Khv'e - tees p'e - r'ed rəd - nïm
plu - me tom - be, tomb' la plume. Ain - si de - vant son pè - re, il s'est lais -

410
s.
a.
t.
b.
f
p
у - па - дал Пам - фи - льич пе - ред ро - дной ма - ту - шкой
oo - pə - dal Pam - fee - l'eech p'e - r'ed rə - dnoy ma - too - shkəy
- si de - vant sa mè - re les ge - noux il a pli - és:
у - па - дал Пам - фи - льич пе - ред ро - дной ма - ту - шкой
oo - pə - dal Pam - fee - l'eech p'e - r'ed rə - dnoy ma - too - shkəy
- si de - vant sa mè - re les ge - noux il a pli - és:
ба - тюш - кой,
ba - t'yush - kəy,
- sé tom - ber,
Про - сит и ме - не
Pro - seet ee m'e - n'e
Il a dit: Bé - nis -
ба - тюш - кой,
ba - t'yush - kəy,
- sé tom - ber,
Про - сит и ме - не
Pro - seet ee m'e - n'e
Il a dit: Bé - nis -

413
57
s.
...к свя - то - му вен -
...k sv'ya-to - moo v'en -
...Sous sa gar - de
a.
...к свя - то - му вен -
...k sv'ya-to - moo v'en -
...Sous sa gar - de
t.
и бо - сло - ви ко Божью су - ду е - ха - ти, к свя - то - му вен -
ee bə - slə - vee kə Bo - zhyu soo - doo ye - khə - tee, k sv'ya - to - moo v'en -
- sez votre en - fant pour qu'il s'en ail - le sous l'œil de Dieu, Sous sa gar - de
b.
и бо - сло - ви ко Божью су - ду е - ха - ти, к свя - то - му вен -
ee bə - slə - vee kə Bo - zhyu soo - doo ye - khə - tee, k sv'ya - to - moo v'en -
- sez votre en - fant pour qu'il s'en ail - le sous l'œil de Dieu, Sous sa gar - de
417
s.
- чань - и - цу. ...и так бы под вен -
- chan' - ee - tsoo. ...ee tak bï pəd v'en -
s'en ail - le, ...en mar - che der - rière
a.
- чань - и - цу. ...и так бы под вен -
- chan' - ee - tsoo. ...ee tak bï pəd v'en -
s'en ail - le, ...en mar - che der - rière
t.
- чань - и - цу. Как при - вел Бог под крес - том и так бы под вен -
- chan' - ee - tsoo. Kak pree - v'el Bog pəd kr'es - tom ee tak bï pəd v'en -
s'en ail - le, Et aus - si des saints s'en aille en mar - che der - rière
b.
- чань - и - цу. Как при - вел Бог под крес - том и так бы под вен -
- chan' - ee - tsoo. Kak pree - v'el Bog pəd kr'es - tom ee tak bï pəd v'en -
s'en ail - le, Et aus - si des saints s'en aille en mar - che der - rière

58
420
fff
T.
Бо - сла - ви - те все ат ста - ра - ва да ма - (а) - ла - ва.
Bo - slә - vee - t'e vs'e at sta - rә - vә da ma - (a) - lә - vә.
- gneur Dieu, bé - nis - nous tous du plus grand au plus pe - tit,
s.
- цом.
- tsom.
eux.
f
Кузь - му Демь -
Kooz' - moo D'em' -
Saint Da - mien
a.
t.
- цом.
- tsom.
eux.
b.
424
Бос - ло - ви Бо - жа до двух по - рож - дён
Bas - lә - vee Bo - zha dә dvookhpә - rәzh - d'yon
Sei - gneur, bé - nis - nous tous, nous, de la noce,
- я - ну сы - грать.
- ya - noo sï - grat'.
nous bé - nisse aus - si,
Да сто - лько же
Da sto - l'kә zhe
Com - me tu l'as
427
нам сва - дьбу сыг - рать.
nam sva - d'boo sïg - rat'.
fait pour nos pa - rents.
ff
Ой!
Oy!
Hoï!
59
poco sf p
Бос - ло - ви, Бо - жа,
Bәs - lә - vee, Bo - zha,
Dieu nous bé - nisse et

430
mf
poco sf p
t.
до двух по - ра - ждён, Бо - сло - ви, Бо - жа, до двух по - са - жён,
do dvookh pə - rə - zhd'yon, Bə - slə - vee, Bo - zha, do dvookh pə - sə - zhon,
tou - te la fa - mil - le, Dieu nous bé - nisse, et le fils et la fil - le,
b.
до двух по - ра - ждён, Бо - сло - ви, Бо - жа, до двух по - са - жён,
do dvookh pə - rə - zhd'yon, Bə - slə - vee, Bo - zha, do dvookh pə - sə - zhon,
tou - te la fa - mil - le, Dieu nous bé - nisse, et le fils et la fil - le,

433
s.
a.
t.
b.
f
Ми - ха - ла Ар - ханъ - ел,
Mee - kha - la Ar - khan - yel,
la mère et le pè - re,
Бос - ло - ви Бо - жа, Ми - ки - та по - пут - чик,
Bəs - lə - vee, Bo - zha, Mee - kee - ta pə - poot - cheek,
Dieu nous bé - nisse, et le père et la mè - re,
Бос - ло - ви Бо - жа, Ми - ки - та по - пут - чик,
Bəs - lə - vee, Bo - zha, Mee - kee - ta pə - poot - cheek,
Dieu nous bé - nisse, et le père et la mè - re,

60
Рож - дес - тво Хрис - то - ва,
Rəzh - d'es - tvo Khrees - to - və,
la sœur et le frè - re,
Бос - ло - ви, Бо - жа,
Bəs - lə - vee, Bo - zha,
Dieu nous bé - nisse, et
61
хре - стынь бо - слов - ля - ти, к вен - цу ат - пу - ща - ти.
khr'e - stïn' bə - sləv - l'ya - tee, k v'en - tsoo ət - poo - shcha - tee.
tous ceux qui le crai - gnent, et lui sont fi - dè - les.
Бо - словь, Бо - жа,
Bə - slov', Bo - zha,
Dieu nous gard', nous

442
ff
s.
Бо - жунь - ка, Бо - словь Бо - жунь - ка! Подь на свадь - бу! Подь на свадь - бу!
Bo - zhoon' - ka, Bə - slov' Bo - zhoon' - ka! Pod' na svad' - boo! Pod' na svad' - boo!
as - sis - te, Dieu nous bé - nis - se! Viens a - vec nous! Viens a - vec nous!
a.
Бо - жунь - ка, Бо - словь Бо - жунь - ка! Подь на свадь - бу! Подь на свадь - бу!
Bo - zhoon' - ka, Bə - slov' Bo - zhoon' - ka! Pod' na svad' - boo! Pod' na svad' - boo!
as - sis - te, Dieu nous bé - nis - se! Viens a - vec nous! Viens a - vec nous!
t.
Бо - жунь - ка, Бо - словь Бо - жунь - ка! Подь на свадь - бу! Подь на свадь - бу!
Bo - zhoon' - ka, Bə - slov' Bo - zhoon' - ka! Pod' na svad' - boo! Pod' na svad' - boo!
as - sis - te, Dieu nous bé - nis - se! Viens a - vec nous! Viens a - vec nous!
b.
Бо - жунь - ка, Бо - словь Бо - жунь - ка! Подь на свадь - бу! Подь на свадь - бу!
Bo - zhoon' - ka, Bə - slov' Bo - zhoon' - ka! Pod' na svad' - boo! Pod' na svad' - boo!
as - sis - te, Dieu nous bé - nis - se! Viens a - vec nous! Viens a - vec nous!
446
62
s.
Подь на свадь-бу!
Pod' na svad'-boo!
Viens a - vec nous!
a.
Подь на свадь-бу!
Pod' na svad'-boo!
Viens a - vec nous!
p
t.
Подь на свадь-бу! Свя - тый Лу - ка, по - (о)дь на свадь - бу, Свя -
Pod' na svad'-boo! Sv'ya - tïy Loo - ka, po - (o)d' na svad' - boo, Svya -
Viens a - vec nous! Viens a - vec nous! Saint Luc é - gal' - ment, Saint
b.
Подь на свадь-бу! Свя - тый Лу - ка, по - (о)дь на свадь - бу, Свя -
Pod' na svad'-boo! Sv'ya - tïy Loo - ka, po - (o)d' na svad' - boo, Svya -
Viens a - vec nous! Viens a - vec nous! Saint Luc é - gal' - ment, Saint

450
s.
a.
t.
b.
p
Свя - тый Лу - ка, по - (о)дь на свадь - бу,
Sv'ya - tïy Loo - ka, po - (o)d' na svad' - boo,
Viens a - vec nous, Saint Luc é - gal' - ment,
- тый Лу - ка!
- tïy Loo - ka!
Luc, Saint Luc!
455
63
mf cresc.
cresc.
Слу - ци свадь - бу,
Sloo - tsï svad' - boo,
Pré - side à leur mé - na - ge.
Свя - тый Лу - ка, слу - ци свадь - бу,
Sv'ya - tïy Loo - ka, sloo - tsï svad' - boo,
Veil - le sur ceux qui en - trent en mé - na - ge.

459
s.
a.
t.
b.
(cresc.)
двух
dvookh
par toi -
Слу - ци свадь - - бу двух мо - ло - дё - ных, слу - ци
Sloo - tsï svad' - - boo dvookh mə - lə - d'yo - nïkh, sloo - tsï
Ar - ran - ge tou - te cho - se, Saint Luc, au mieux pour eux, Choi - sis
462
64
cresc.
по - са - жё - ных, слу - ци
pə - sə - zho - nïkh, sloo - tsï
- mêm' choi - sis, Gar - de -
по - са - жё - ных, Слу - ци, слу - ци
pə - sə - zho - nïkh, Sloo - tsï, sloo - tsï
- mêm' choi - sis, As - sis - te, gar - de -
свадь - - бу двух по - са - жё - ных, слу - ци
svad' - - boo dvookh pə - sə - zho - nïkh, sloo - tsï
tous deux l'un à l'au - tre pro - mis; Gar - de -

КАРТИНА ТРЕТЬЯ
ПРОВОДЫ НЕВЕСТЫ

TROISIÈME TABLEAU
LE DÉPART DE LA MARIÉE

477
s.
a.
у ба - тюш - ки, у го - су - да - ры - ни, у го - су - да - ры - ни
oo ba - t'yush - kee, oo gə - soo - da - rï - nee, oo gə - soo - da - rï - nee
la prin - cesse, Et elle é - tait heu - reu - se près de son père et de

481
67
T.
s.
a.
f
Бла - го - сло - ви ме - ня, ба - тюш -
Bla - gə - slə - vee m'e - n'ya, ba - t'yush -
Bé - nis - moi, mon pè - re, je m'en
ма - туш - ки.
ma - toosh - kee.
sa mè - re.

(Отец с матерью)
68
(Le père et la mère)
486
T.
B.
s.
a.
- ка,
- ka,
vais,
mf
При - та - пе - лась све - ца вос - ку
Pree - ta - p'e - las' sv'e - tsa vos - koo
Voi - là que comm' cou - le le beau
f
да на чу - жу - ю сто - ро - нуш - ку.
da na choo - zhoo - yu stə - ro - noosh - koo.
et plus ja - mais je ne re - vien - drai.
да на чу - жу - ю сто - ро - нуш - ку.
da na choo - zhoo - yu stə - ro - noosh - koo.
et plus ja - mais je ne re - vien - drai.

490
B.
69
(Дружки)
(Les amis de noces)
я - ра - го Пе - ред об - ра - зом _ дол - го сто - ю - ци.
ya - rə - və P'e - r'ed ob - rə - zəm _ dol - gə sto - yu - tsï.
cier - ge jau - ne de - vant l'i - cône, Et _ puis se prend au pied,
496
B.
Да что _ на че - ты - ре _ на сто - ро - нуш - ки
Da shto _ na che - tï - r'e _ na stə - ro - noosh - kee
Et _ bé - nis - sez - la quand mê - - me.
501
T.
70
(Все)
(Tout le monde)
Хле - бом _ соль - ю Спа - сом об - ра - зом. Свя - тый _ Кузь - ма, _
Khl'e - bəm _ sol' - yu Spa - səm ob - rə - zəm. Sv'ya - tïy _ Kooz' - ma, _
- vec la _ trois fois - sainte i - ma - ge. Saint Cô - me, Saint Cô - me, _
504
S.
Во го - рни - це, во гор - ни - це во свя - тли - це
Və go - rnee - tse, və gor - nee - tse və sv'ya - tlee - tse
Dans la cham - bre du bas, la bel - le, la bien ar - ro - sée,
T.
по - (о)дь на свадь - бу, Свя - тый _ Кузь - ма Демь - ян _ по - (о)дь на свадь - бу,
po - (o)d' na svad' - boo, Sv'ya - tïy _ Kooz' - ma D'em' - yan _ po - (o)d' na svad' - boo,
viens a - vec nous, _ Saint Côme _ et Da - mien, ve - nez a - vec nous! _
507
a.
71
Свя - тый Кузь - ма, подь на _ свадь - бу, Свя - тый Кузь - ма скуй нам _ свадь - бу, Свя - тый
Sv'ya - tïy Kooz' - ma, pod' na _ svad' - boo, Sv'ya - tïy Kooz' - ma skooy nam svad' - boo, Sv'ya - tïy
Saint Cô - me, for - ge - ron, _ choi - sis tes meil - leurs clous, For - ge - nous ces no - ces,
b.
Ма - туш - ка _ Куз - ма _ Демь -
Ma - toosh - ka _ Kooz' - ma _ D'em' -
Saints _ Côme et Da - mien nous ont _ en - ten -
510
a.
Кузь - ма, скуй нам _ кре - пку, креп - ку, _ твер - ду, дол - го - вет - ну, ве - ко - вет - ну,
Kooz' - ma, skooy nam kr'e - pkoo, kr'ep - koo, _ tv'er - doo, dəl - gə - v'et - noo, v'e - kə - v'et - noo,
Cô - me for - ge - les nous, for - ge - les nous for - tes, For - ge - les nous _ du - res,
b.
- я - на По се - нням хо - ди - ла
- ya - na Pə s'e - n'yam khə - dee - la
- dus; Dans la cour sont des - cen - dus, a - vec les

513
a.
с мла - до - сти и до ста - ро - сти,
s mla - də - stee ee də sta - rə - stee,
de fa - çon que les no - ces du - rent
b.
гвоз - ди со - би - ра - ла.
gvoz - dee sə - bee - ra - la.
clous sont re - ve - nus.
72
515
T.
f
с мла - дос - ти и до ста - рос - ти
s mla - dəs - tee ee də sta - rəs - tee
jus - qu'au ter - me de nos ans.
73
s.
ff
И до ма - лых де - ту - шек.
Ee do ma - likh d'e - too - shek.
Et jus - qu'à nos pe - tits en - fants.
a.
ff
t.
ff
И до ма - лых де - ту - шек.
Ee do ma - likh d'e - too - shek.
Et jus - qu'à nos pe - tits en - fants.
b.
ff

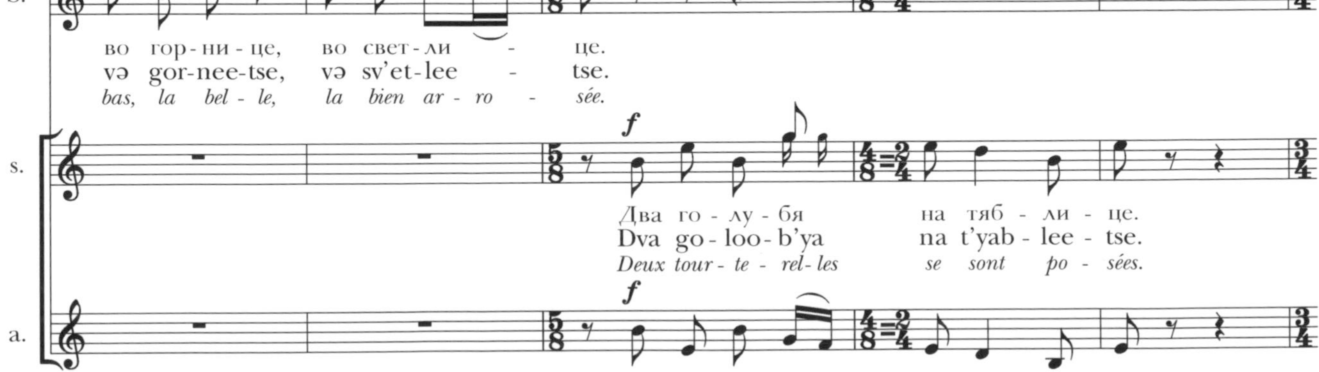
521
S.
во гор - ни - це, во свет - ли - це.
və gor - nee - tse, və sv'et - lee - tse.
bas, la bel - le, la bien ar - ro - sée.
s.
f
Два го - лу - бя на тяб - ли - це.
Dva go - loo - b'ya na t'yab - lee - tse.
Deux tour - te - rel - les se sont po - sées.
a.
f

526
S.
f
В по - ли - ти - ры бьют, в цим - ба - лы по - ды - гры - ва -
V pə - lee - tee - rï b'yut, v tsïm - ba - lï pə - dï - grï - va -
Le tam - bour on bat, on ta - pe des - sus à tour de
74
529
- ют.
- yut.
bras.
a.
p
Свя - тый Кузь - ма, слу - ци свадь - бу
Sv'ya - tïy Kooz' - ma, sloo - tsï svad' - boo
Garde, u - nis, les ma - ri - és
t.
p
Свя - тый Кузь - ма по - (о)дь на свадь - бу.
Sv'ya - tïy Kooz' - ma, po - (o)d' na svad' - boo.
Forg' - nous les no - ces com - me tu sais for - ger,
b.
p
Кузь - ма Де - мьян по се - ням хо -
Kooz' - ma D'e - m'yan pə s'e - n'yam khə -
Saints Côme et Da - mien nous ont en - ten -
532
с мла - до - сти и до ста - рос - ти
s mla - də - stee ee də sta - rəs - tee
de leurs jeunes ans à leurs vieux ans,
с мла - до - сти и до ста - рос - ти
s mla - də - stee ee də sta - rəs - tee
de leurs vieux ans à leurs vieux ans.
- ди - ла, гвоз - ди со - би - ра - ла сва - деб - ку ко -
- dee - la, gvoz - dee sə - bee - ra - la sva - d'eb - koo kə -
- dus, Dans la cour sont des - cen - dus et puis sont re - ve -

75
535
s.
a.
t.
b.
Ты, Мать Бо - жья, са - ма
Tï, Mat' Bo-zhya, sa - ma
Toi, par qui Jé - sus Christ
Ты, Мать Бо - жья, са - ма
Tï, Mat' Bo-zhya, sa - ma
Toi, par qui Jé - sus Christ
И ты, са - ма Мать Бо - жья,
Ee tï, sa - ma Mat' Bo - zhya,
Et toi, qui as don - né ton Fils,
- ва - ла.
- va - la.
- nus.

539
76
s.
a.
t.
Бо - го - ро - ди - ча,
Bə - gə - ro - dee - cha,
au monde a é - té mis.
Слу - ци свадь - бу,
Sloo - tsï svad'-boo,
tiens les ma - ri -
Бо - го - ро - ди - ча,
Bə - gə - ro - dee - cha,
au monde a é - té mis.
Слу - ци свадь - бу,
Sloo - tsï svad'-boo,
tiens les ma - ri -
Подь на свадь - бу, слу - ци свадь - бу,
Pod' na svad' - boo, sloo - tsï svad' - boo,
Viens à la noce et la bé - nis,

543
77
s.
a.
t.
b.
слу - ци креп - ку.
sloo - tsï kr'ep - koo.
- és u - nis,
ми с Пос - то - ла - ми,
mee s Pos - tə - la - mee,
A - pô - tres aus - si,
И со все - ми с Пос - то - ла - ми,
Ee sə vs'e - mee s Pos - tə - la - mee,
Et tous les A - pô - tres aus - si,

546
78
s.
a.
t.
b.
с Ан - ге - ля - ми.
s An - g'e - l'ya - mee.
au pa - ra - dis;
И со все - ми с Ан - ге - ля - ми.
Ee sə v'se - mee s An - g'e - l'ya - mee.
et tous les Saints au pa - ra - dis;
И как
Ee kak
et,

550
79
s.
a.
t.
(pour le français)
так бы на - ши мо - ло - ды - е ви - лись друг ко - ло
tak bï na - shï mə - lə - dï - ye vee - lees' droog ko - lə
fait le hou - blon, Qu'ain - si l'un à l'au - tre les ma - ri -
вьё - тся хмель по ты - цью - (у)
v'yo - tsa khm'el'pə tï - tsyu - (yu)
comme au - tour du tronc jus - qu'au bout,

555
s.
a.
t.
b.
(pour le français)
ff
дру - гу (у) (у - у)
droo - goo - (oo) (oo - oo)
- és s'en roulent, (ou - ou)
так бы на - ши мо - ло - ды - е ви - лись друг ко - ло дру -
tak bï na - shï mə - lə - dï - ye vee - lees' droog ko - lə droo -
L'un à l'au - tre les ma - ri - és, les ma - ri - és s'en

(Входят матери жениха и невесты с каждой стороны сцены.)
(Entrent les mères du marié et de la mariée de chaque côté de la scène.)

575
83
S.
- мо - - е мо - е ди - тя - тко, мо - е ми - ло - е,
- mə - - ye mə - ye dee - t'ya - tkə, mo-ye mee-lə - ye.
(pour le français)
j'ai mis au mon-de, cher en - fant,
p lamentando
M.s.
Ро - ди -
Rə - dee -
Toi
581
- мо - е мо - е ди - тя - тко, По - и - ла бы - ло я кор -
- mə - ye mə - ye dee - t'ya - tkə, Pə - ee - la bï - lə ya kər -
que j'ai al - lai - té, nour - ri, Toi que es né de moi en -
586
84
- ми - ла те - бя. Во - - ро - тись мо - я ми - ла - я.
- mee - la t'e - b'ya. Və - - rə - tees' mə - ya mee - la - ya.
- fant ché - ri, en - - fant ché - ri, re - viens i - ci;
592
За - бы - - ла ты, ди - тя - тко на сто - (о)п - ке зо - ло -
Za - bï - - la tï, dee - t'ya - tkə na sto - (o)p - k'e zə - lə -
Tu t'es en al - lé lais - sant à la che - vil - le la clef
597
85
lamentando
На шел - ко - вом по - я - се. Ро - - - ди - -
Na shel - kə - vəm po - ya - s'e. Ro - - - dee - -
(pour le français)
lamentando
au bout de son ru - ban d'ar - gent, En - - - fant
- ты клю - чи Ро - - ди - - мо - е
- tï kl'yu - chee Ro - - dee - - mə - ye
qui pend En - - fant que j'ai

ЧАСТЬ ВТОРАЯ
КАРТИНА ЧЕТВЕРТАЯ
КРАСНЫЙ СТОЛ

DEUXIÈME PARTIE
QUATRIÈME TABLEAU
LE REPAS DE NOCES

618
s.
Я - го - да я - (а) - го - де по - кло - ни - ла - ся.
Ya - gə - da ya - (a) - gə - d'e pə - klə - nee - la - s'ya.
La rouge et la blan - che é - taient sur la bran - che,
unis.
a.
t.
Я - го - да я - (а) - го - де по - кло - ни - ла - ся.
Ya - gə - da ya - (a) - gə - d'e pə - klə - nee - la - s'ya.
La rouge et la blan - che é - taient sur la bran - che,
b.

621
88
f
s.
ай лю - ли! Ай лю -
ay lyu - lee! Ay l'yu -
aï lou - li! aï lou -
a.
t.
ай лю - ли! крас - на!
ay lyu - lee! kras - na!
aï lou - li! y a!
b.

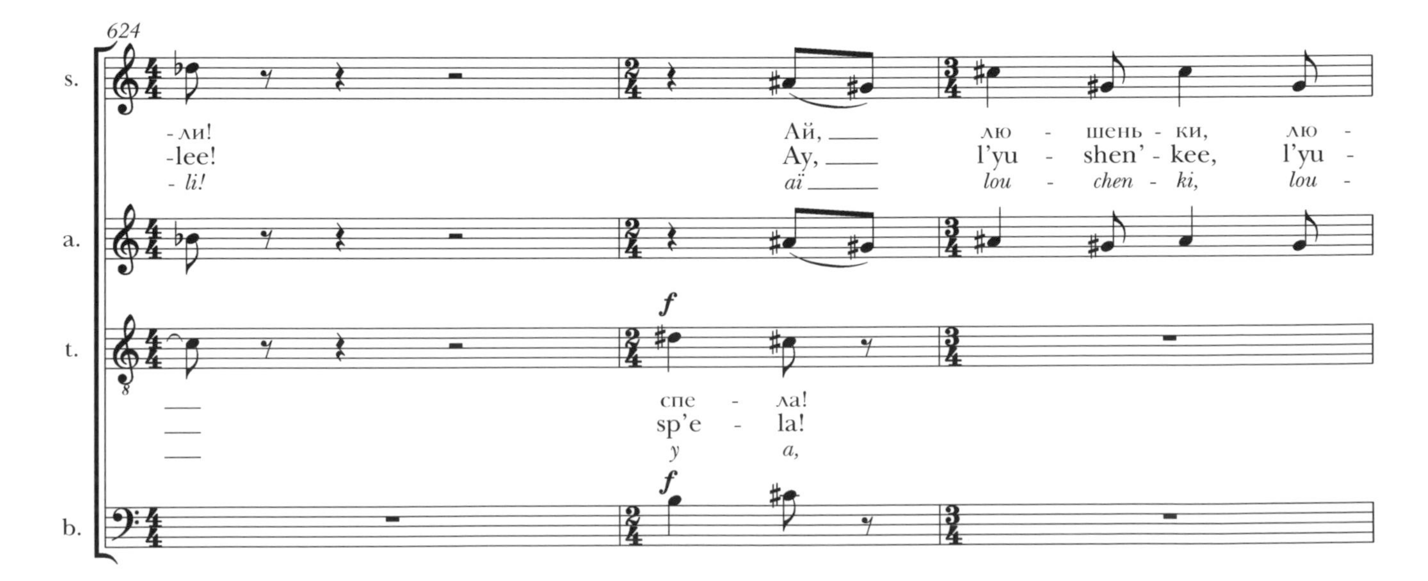
624
s.
- ли! Ай, лю - шень - ки, лю -
-lee! Ay, l'yu - shen' - kee, l'yu -
- li! aï lou - chen - ki, lou -
a.
t.
f
спе - ла!
sp'e - la!
y a,
b.

627
89
ff
s.
a.
t.
b.
f
- ли! Я - го - да я - - го - де сло - во мол - ви - ла,
- lee! Ya - gə - da ya - gə - d'e slo - və mol - vee - la,
- li! Et voi - là que__ la rouge à la__ blanche a____ par - lé,
unis.
Ай, лю - ли Я - го - да я - - го - де сло - во мол - ви - ла,
Ay, l'yu - lee Ya - gə - da ya - gə - d'e slo - və mol - vee - la,
aï, lou - li! Et voi - là que__ la rouge à la__ blanche a____ par - lé,
630
Я - го - да от_ я - го - ды не вда - ли___ рос - ла. Од - на -
Ya - gə - da ət_ ya - gə - dï n'e vda - lee___ rəs - la. Əd - na -
La blan - che sur_ la branche é - tait_ tout à___ cô - té. Et le
unis.
Я - го - да от_ я - го - ды не вда - ли___ рос - ла. Од - на -
Ya - gə - da ət_ ya - gə - dï n'e vda - lee___ rəs - la. Əd - na -
La blan - che sur_ la branche é - tait_ tout à___ cô - té. Et le
ff
f e ben marc.
Ве - сёл, ве - сёл___ хо - дит и Фё - дор Тих - на - вич. На -
V'e - s'yol, v'e - s'yol___ kho - deet ee F'yo - dər Teekh - nə - veech. Na
Qui c'est, qui c'est___ qui vient? Thé - o - dore le__ fri - sé.__ L'an
633
90
- то я - - го - да Хве - ти - суш - ка_ су - дарь, А дру - га - я__ я - го - да
- tə ya - gə - da Khv'e - tee - soosh - ka_ soo - dar', A droo - ga - ya__ ya - gə - da
sei - gneur Fé - tis, c'est la__ fleur sur la__ branche, Et Fé - tis,__ c'est la__ rou - ge, Nas -
- то я - - го - да Хве - ти - суш - ка_ су - дарь, А дру - га - я я - го - да
- tə ya - gə - da Khv'e - tee - soosh - ka_ soo - dar', A droo - ga - ya ya - gə - da
sei - gneur Fé - tis, c'est la fleur sur la_ branche, Et Fé - tis, c'est la rou - ge, Nas -
- шел, на - шел зо - лот перс - тинь, Зо - лот с до - ро -
- shol, na - shol zo - lət p'ers - teen'. Zo - lət c də - rə -
- neau, Thé - o - dore a trou - vé d'or et d'un gros

fausset
port.
636
B.
Ю - нывь, ю - нывь хо - дит
Yu - nïv, yu - nïv kho - deet
Qui c'est, qui vient si gai?
s.
Нас - тась - юш - ка ду - ша...
Nas - tas' - yush - ka doo - sha...
- ta - si', c'est la blan - che.
Па - ла - гей Спа - но - вич,
Pə - lə - g'ey Spa - nə - veech,
C'est mon-sieur Pa - la - gai.
a.
Нас - тась - юш - ка ду - ша...
Nas - tas' - yush - ka doo - sha...
- ta - si', c'est la blan - che.
t.
b.
- гим сы ка - ме - нем.
- geem sï ka-m'e-n'em.
ru - bis tout or - né.
fausset
port.
639
91
meno f
По-те-рял зо - лот пер - стин
Pə-t'e-r'yal zo - lət p'er - steen
Qu'est-ce qui lui est ar - ri - vé
По - те - рял
Pə - t'e - r'yal
A per - du
Па-ла - гей Спа - но - вич.
Pə - lə - g'ey Spa - nə - veech.
à mon-sieur Pa - la - gai?
642
зо - лот пер - стин, Зо - лот с да - ра - гим сы ка - ме - ням.
zo - lət p'er - steen, Zo - lət c də - rə - geem sï ka-m'e-n'yam.
l'an - neau do - ré, l'an - neau d'un gros ru - bis tout or - né.

645
92
s.
a.
t.
b.
Ю - нывь, ю - нывь, ю - нывь Па-ла-гей, Ю - нывь Па-ла-гей
Yu - nïv, yu - nïv, yu - nïv Pə-lə-g'ey, Yu - nïv Pə-lə-g'ey
Gai, gai, le pauvr', le pauvr' Pa-la-gai, Le pauvr' Pa-la-gai,
648
хо - дит Спа-ныч, хо - дит Па-ла-гей, хо - дит Спа - ныч.
kho - deet Spa-nïch, kho - deet Pə-lə-g'ey, kho - deet Spa - nïch.
il n'est plus gai, Il n'est plus gai, le pauvr' Pa - la - gai.
По - те - рял зо - лот пер-стин з да-ра-гим сы ка-ме-нням.
Pə - t'e - r'yal zo - lət p'er-steen z də-rə-geem sï ka-m'e-n'yam.
A per - du l'an-neau do - ré et d'un gros ru-bis or - né.
93
651
А я - го - да я - го - де по - кло - ни - ла - ся,
A ya - gə - da ya - gə - d'e pə - klə - nee - la - s'ya,
La roug' sur la bran - che s'est pen - ché - e vers la blan - che,
ле - та - ла!
l'e - ta - la!
ar - ri - vé?
У - лю-лю-лю-лю-лю, у - лю-лю, со-ба-ки!
Oo-l'yu-l'yu-l'yu-l'yu-l'yu, oo-l'yu-l'yu, sə-ba-kee!
You you you you you you you you you you you you
У - лю - лю - лю - лю - лю, ле - та - ла, у - лю-
Oo-l'yu-l'yu-l'yu-l'yu-l'yu l'e - ta - la, oo-l'yu-
You you you you you you ar - ri - vé? You you

653
s.
Я - го - да я - - го - де сло - во мол - ви - ла.
Ya - gə - da ya - - gə - d'e slo - və mol - vee - la.
La blanch' vers la___ rou - ge s'est pen - che - é sur la bran - che.
a.
ле - та -
l'e - ta -
ar - ri -
t.
У - лю - лю, бор-зы - я, у - лю - лю ко - сы - я, у - лю - лю - лю - лю - лю
Oo - l'yu - l'yu, bər - zï - ya, oo - l'yu - l'yu kə - sï - ya, oo - l'yu - l'yu - l'yu - l'yu - l'yu
You you you you you you you you you you you you you you you you you you
b.
-лю - лю - лю - лю
-l'yu - l'yu - l'yu - l'yu
you you you you
ле - та -
l'e - ta -
ar - ri -
655
94
ff
sff
s.
У - лю - лю - лю - лю - лю - лю
Oo - l'yu - l'yu - l'yu - l'yu - l'yu - l'yu
you you you you you you you
Ой, ляй !
Oy, l'yay!
Oï laï!
a.
- ла!
- la!
- vée?
лю - лю - лю - лю - лю - лю - лю - лю
l'yu - l'yu - l'yu - l'yu - l'yu - l'yu - l'yu - l'yu
you you you you you you you you
Ой, ляй !
Oy, l'yay!
Oï laï!
t.
у - лю - лю - лю - лю - лю - лю - лю - лю - лю - лю
oo - l'yu - l'yu - l'yu - l'yu - l'yu - l'yu - l'yu - l'yu - l'yu - l'yu
you you you you you you you you you you you
Ой, ляй !
Oy, l'yay!
Oï laï!
b.
- ла
- la
- vée?
лю - лю - лю - лю - лю - лю - лю - лю
l'yu - l'yu - l'yu - l'yu - l'yu - l'yu - l'yu - l'yu
you you you you you you you you
Ой, ляй !
Oy, l'yay!
Oï laï!

658
T.
Ле - та - ла гу - сы - ня, ле - та - ла, Ле - та - ла се - ра - я,
L'e - ta - la goo - sï - n'ya, l'e - ta - la, L'e - ta - la s'e - ra - ya,
L'oie est ar - ri - vée, ar - ri - vée, par la porte est en - trée,
sf
s.
Ой!
Oy!
Oï!
a.
t.
b.

663
95
T.
ле - та - ла. Ой! Ма - зо - ли по - ти - ра - ла,
l'e - ta - la, Oy! Mə - zo - lee pə - tee - ra - la,
est en - trée, Oï! Qu'ell' se les est cas - sées.
sff
f
s.
Ой! Oy! Oï!
a.
t.
b.

668
96
T.
Сто-лбы ско-лы-ха-ла, Ой, ляй! Бо-яр про-буж-да-ла.
Stə-lbï skə-lï-kha-la, Oy, l'yay! Bə-yar prə-boozh-da-la.
Les murs fai-sait trem-bler, oï, laï! Et nous a ré-veil-lés,
s.
Ой, ляй!
Oy, l'yay!
oï, laï!
a.
t.
unis.
Ой, ляй!
Oy, l'yay!
oï, laï!
b.
unis.

(Отец жениха)
(Le père du marié)

673
B.
port.
Ой, ляй! Вот те-бе жа-на
Oy, l'yay! Vot t'e-b'e zha-na
oï, laï! Voi-là la femm'
s.
unis.
unis.
unis.
Ой, ляй! Ой, ля-ли ляй!
Oy, l'yay! Oy, l'ya-lee l'yay!
oï, laï! oï, la-li-laï!
a.
t.
unis.
Ой, ляй!
Oy, l'yay!
oï, laï!
b.
Ой, ляй! ...жа-на
Oy, l'yay! ...zha-na
oï, laï! la femm'

97
677
(Мужчины)
(Les hommes)
(Женщины)
(Les femmes)
(Мужчины)
(Les hommes)
s.
a.
t.
b.
f
Ай, мы те-бе, Нас-тюш-ка, го - во-ри-ли.
Ay, mï t'e-b'e, Nas-t'yush-ka, gə - və-ree-lee.
Qu'est c'qu'on t'a-vait dit, dis-donc, la ma-ri-ée?
Сей лён да ка - нап - ли.
S'ey l'yon da ka - nap - lee.
Toi, fem - me sèm' le lin.
Спра-ши-вай с не-ё ру-
Spra-shï-vay s n'e-yo roo-
Ell' dev-ra te-nir ton
(679)
(Женщины)
(Les femmes)
Ой, мы те-бе, ми-ла-я, го-во-ри-ли.
Oy, mï t'e-b'e, mee-la-ya, gə-və-ree-lee.
Et, dis-donc, mig-non-ne, qu'est c'qu'on t'a-vait dit?
- ба-шки да порт - ки.
- ba-shkee da pərt - kee.
lin-ge bien au propr',

(Дружка, мать жениха, сват, сваха, все по-очереди.)
(L'ami de noces, la mère du marié, le svat, la marieuse – tour à tour.)
98
(Мать невесты подводит её к своему зятю.)
(La mère de la mariée l'amène à son gendre.)
682
M.s.
Зя - тик мой лю-без-ный, вру - ча - ю те-бе до-че-рю лю - без - ну - ю.
Z'ya - teek moy l'yu-b'ez-nïy, vroo - cha - yu t'e-b'e do-che-r'yu l'yu - b'ez - noo-yu.
Mon gen-dre bien-ai-mé, je con - fie à vos soins mon en - fant bien-ai-mée.
685
99
S.
...пой, кор-ми да
...poy, kər-mee da
...du ma-tin
M.s.
cresc.
спра-ши-вай с не-ё ру-баш - ки,
spra-shï-vay s n'e-yo roo-bash - kee,
Toi, ré-cla-me-lui tes ch'mi - ses,
Пой, кор-ми да о - де - вай да на ра - бо - ту
Poy, kər-mee da ə - d'e - vay da na rə - bo - too
Sois à la cave et au gren-ier, sur-veille les
688
(Отец)
(Le père)
S.
о - де-вай да на ра-бо-ту от - пра-вляй.
ə - d'e-vay da na rə-bo-too ət - pra-vl'yay.
jus - qu'au soir sois de-bout, sois de - bout sur tes pieds.
M.s.
от - пра-вляй.
ət - pra-vl'yay.
ou - vri-ers.
T.
о - де-вай да на ра - бо - ту от - пра-вляй.
ə - d'e-vay da na rə - bo-too ət - pra-vl'yay.
jus - qu'au soir sois de-bout, sois de - bout sur tes pieds.
B.
port.
Ру - би - дро - ва,
Roo-bee - drə - va.
Cou-(ou)-(ou)p' le bois,
s.
Да на ра-бо-ту от - пра-вляй.
Da na rə - bo-too ət - pra-vl'yay.
sois de - bout sur tes pieds.
Спра-ши-вай
Spra-shï-vay
a - près quoi
a.
Да на ра - бо - ту от - пра-вляй.
Da na rə - bo-too ət - pra-vl'yay.
sois de - bout sur tes pieds.
t.
Да на ра - бо - ту от - пра-вляй.
Da na rə - bo-too ət - pra-vl'yay.
sois de - bout sur tes pieds.
b.
...дро - ва,
...drə - va,
...le bois

100
692
s.
Щ(и)!
Shch(ee)!
claqu'.
Бо - я -
Bə - ya -
Nos mes -
a.
Щ(и)!
Shch(ee)!
claqu'.
Бо - я -
Bə - ya -
Nos mes -
t.
Щ(и)!
Shch(ee)!
claqu'.
...тря - си, как гру - шу.
...tr'ya - see, kak groo - shoo.
trembl' - la comme un pru -
b.
Щ(и)!
Shch(ee)!
claqu'.
...как ду - шу
...kak doo - shoo
...comm' ton âm',
101
697
s.
- ре вста - ва - ли, В чар - ки на - ли - ва - ли,
- r'e vstə - va - lee, V char - kee nə - lee - va - lee,
- sieurs sont ve - nus, Ils ont ri, ils ont bu,
a.
t.
- nier.
В чар - ки на - ли - ва - ли,
V char - kee na - lee - va - lee,
fai - saient le tour des ta - bles,
b.

700
s.
В чар-ки на - ли - ва - ли, Гос - тей об - хо - ди - ли, Марь-е под - но - си - ли,
V char-kee nə - lee - va - lee, Gəs - t'ey əb - khə - dee - lee, Mar'-ye pəd - nə - see - lee,
Ils ont ri, ils ont bu, nos mes - sieurs sont ve - nus, trin - quaient a - vec Ma - ri':
a.
t.
f
Ма -
Ma -
trin -
b.
f

703
102
B.
p
„Вы - пей, ма - туш - ка, ску - шай, Ха - ри -
„Vï - p'ey, ma - toosh - ka, skoo-shəy, Khə - ree -
„Bois, Ma - ri' la jo - li', mange et ras - sa -
t.
- (а) - рье под - но - си - ли:
- (a) - r'ye pəd - nə - see - lee:
- quaient a - vec Ma - ri':
b.

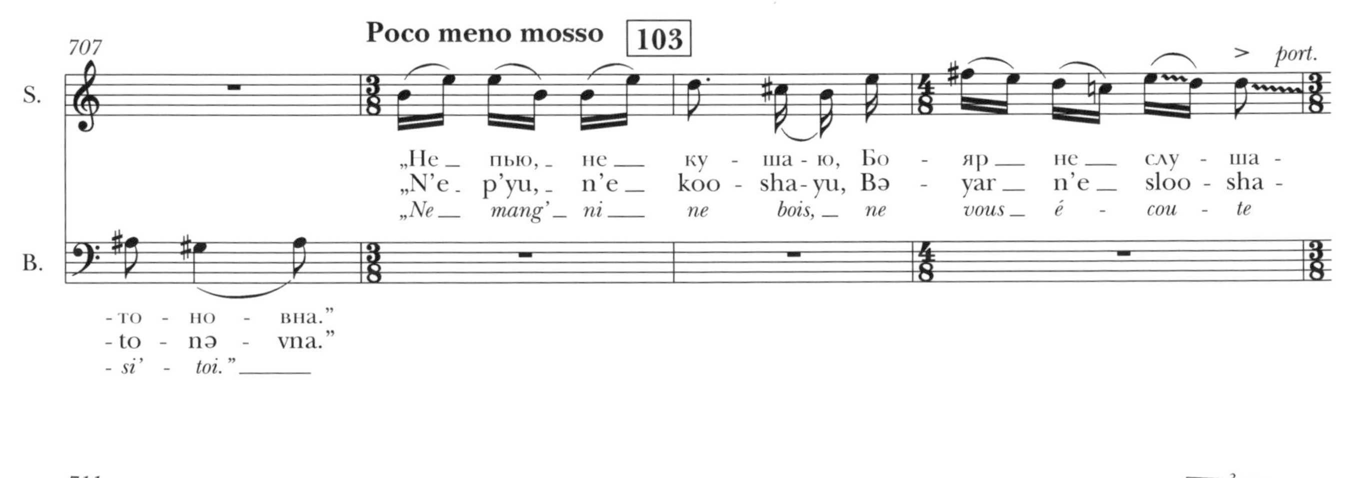
707
Poco meno mosso
103
S.
port.
„Не пью, не ку - ша - ю, Бо - яр не слу - ша -
„N'e p'yu, n'e koo - sha - yu, Bə - yar n'e sloo - sha -
„Ne mang' ni ne bois, ne vous é - cou - te
B.
- то - но - вна."
- to - nə - vna."
- si' - toi."

711
colla parte
S.
3
- ю."
- yu."
pas."
„Я бы спи - ла, ску - ша - ла, Бо - яр по - слу - ша -
„Ya bï spee - la, skoo - sha - la, Bə - yar pə - sloo - sha -
„Au - rais man - gé et bu, au - rais bien ri aus -

104
Tempo I ♩ = 120
715
s.
„Ой, ты гу - - сы - ня звон - ка - я,
„Oy, tï goo - sï - n'ya zvon - ka - ya,
„Eh, là - bas ju - pon gris, la rô - deuse,
a.
b.
...Ки - тай - ска - я!
...Kee - tay - ska - ya!
...la pas d'i - ci,
718
105
s.
Уж ты где гу - сы - ня звон - ка - я, Где по - бы - ва - ла
Oozh tï gd'e goo - sï - n'ya zvon - ka - ya, Gd'e pә - bï - va - la
D'où viens - tu, l'oie, d'où viens - tu la gri - se? Toi qui viens de
a.
b.
...ки - тай - ска - я,
...kee - tay - ska - ya,
...la pas d'i - ci,
721
106
S.
„И я бы - ла на
„Ee ya bï - la na
„J'é - tais loin
s.
и что ви - де - ла?
ee shto vee - d'e - la?
loin, d'où viens - tu?
a.
t.
...по - бы - ва - ла и что ви - де - ла?"
...pә - bï - va - la ee shto vee - d'e - la?"
...d'où viens - tu, la belle, et qu'as - tu vu?"
b.
по - бы - ва - ла и что ви - де - ла?"
pә - bï - va - la ee shto vee - d'e - la?"
d'où viens - tu, la belle, et qu'as - tu vu?"

725
S.
си - нем на __ мо - ри, на мо - ри __ на 'зе ре,
see-n'em na __ mo - ree, na mo - ree __ na z'e - r'e,
__ sur la mer, j'é - tais loin sur la __ mer im - mense.
s.
p
На мо - ри, на 'зе -
Na mo - ree na z'e -
loin sur la mer im -
a.
p
Лю - ли, лю - ли! На мо - ри, на 'зе -
L'yu - lee, l'yu - lee! Na mo - ree na z'e -
Lou - li, lou - li, loin sur la mer im -
107
729
p
На том ли на мо - ри на __ 'зе - ре ле - бядь бе - ла - я - ку - ра - ла - ся,
Na tom lee na mo - ree na __ z'e - r'e l'e - b'yad' b'e - la - ya koo - pa - la - s'ya,
La de - moi - sel - le blan - che __ s'y bai - gnait, __ de - dans l'a - vait sa - ro - be blanche.
- ре. на
- r'e. na
- mense. L'a -
Лю - ли, на
L'yu - lee, na
Lou - li! L'a -
733
108
M.s.
mf
...был ли бе - лой ле - бядь на мо - ри? ...ви - дел ли
...bïl lee b'e - ləy l'e - b'yad' na mo - ree? ...vee - d'el lee
„A - vait - il vu la __ de - moi - sel - le? Le cy - gne
бе - ло па - лас - ка - ла - ся."
b'e - lə pə - ləs - ka - la - s'ya."
- vait sa ro - be du di - manche."
b.
sff
Ой... Ой...
Oy... Oy...
Lui. Lui.
737
T.
f
„Да и как __ же __ мне да на ______ мо - ри, на мо - ри __ не бы - вать,
„Da ee kak __ zhe mn'eda na ______ mo - ree, na mo - ree. n'e bï - vat',
„Com - ment n'au - rais - je __ pas é - té là, __ com - ment, com - ment au - rais - je fait?
mf
Да и ка -
Da ee ka -
com - ment, com -
mf

109
fausset
740
B.
s.
a.
У ___ ле - бе - дя ле - бе -
Oo ___ l'e - b'e - d'ya l'e - b'e -
Où, ___ où est le cygne, est
- (а)к же ___ мне ле - бё - душ - ки не ви - дать?
- (a)k zhe ___ mn'e l'e - b'yo - doosh - kee n'e vee - dat'?"
- ment ne ___ pas la voir a - lors qu'elle y é - tait?
743
- душ - ка ___ под кры - лом, У ле - бе - дя ко - са - та - я ___ под кры - лом,
- doosh - ka ___ pəd krï - lom, Oo l'e - b'e - d'ya kə - sa - ta - ya ___ pəd krï - lom,
aus - si ___ sa fe - mel - le, Où, où il se tient ell' se tient sous son ai - le,
746
У Хве - ти - са то Нас - тась - юш - ка под боч - ком, У Хве - ти - са Ти - мо -
Oo Khv'e - tee - sa tə Nas - tas' - yush - ka pəd bəch - kom, Oo Khv'e - tee - sa Tee - mə -
Où, où est Fé - tis est aus - si ___ cell' qu'il ai - me, Où elle est cou - chée, il
...бе - лы - е пла - ва - ли. ___
...b'e - lï - ye pla - va - lee. ___
...deux cy - gnes loin d'i - ci. ___
Ой, лю - ли, ой лю - ли бе - лы - е пла - ва - ли. ___
Oy, l'yu - lee, oy l'yu - lee b'e - lï - ye pla - va - lee. ___
Oï, lou - li, oï, lou - li! Deux cy - gnes loin d'i - ci. ___
(Один из дружек – невесте)
(Un des amis de noces à la mariée)
110
749
- фе - ев - на под кры - лом." Ай, чем ___ же ты
- f'e - yev - na pəd krï - lom." Ay, chem ___ zhe tï
est cou - ché contre el - le." Et toi, ___ là - bas,
(Невеста)
(La mariée)
752
S.
Я по по - яс во - (о) зо - ло - те об - ви - лась ___ жем - чуж - ны - е ма - хор - чи - ки
Ya pə po - yas vo - (o) zo - lə - t'e əb - vee - las' ___ zhem - choozh - nï - ye ma - khor - chee - kee
Jus - qu'à la cein - ture j'ai de l'or ___ qui pend, ___ Mes vo - lants de per - les vont traî -

(Большой сват)
(Le grand svat)
(Один из дружек)
(Un des amis de noces)
111
(sempre)
S.
до - зем - ли.
do - z'em - lee.
- nant par terre.
B.
mf
Ох, пой - ник, про - пой - ник Нас-тин ба - (а) - тюш - ка
Okh, poy - neek, prə - poy - neek Nas-teen ba - (a) - t'yush - ka
Saou - lard, vieux sa - laud, pèr' de Nas - ta - sie,
b.
f
Про - пил сво - ю ча - ду за вин - ну - ю ча - ру
Pro - peel svə - yu cha - doo za veen - noo - yu cha - roo
Pour un verr' de vin t'as ven - du ta fil - le,
112
(Тот же дружка)
(Le même ami de noces)
T.
Крас - ны де - ви - цы, Пи - ро - жны - я мас - те -
Kras - nï p'e - vee - tsï, Pee - ro - zhnï - ya mas - t'e -
Eh! vous les on - ne - sait - pas - d'où et vous les rien -
- ри - цы, Гор - шеч - ны - я па - губ - ни - цы, Же - нуш - ки пос - си - вы -
- ree - tsï, Gor - shech - nï - ya pa - goob - nee - tsï, Zhe - noosh - kee pə - see - vï -
- du - tout, Les fil - les qu'on a pour deux sous, Et vous les mau - vai - ses
113
- я, Же - ны под - хи - лы - я, Ма - лы - е ре - бя - та, Го - ро - хо -
- ya, Zhe - nï pəd - khee - lï - ya, Ma - lï - ye r'e - b'ya - ta, Gə - ro - khə -
langues, et vous têt' d'al - le - mandes, Et vous les pas mou - chés, et vous les
† clamando
- вы та - ти, Мар - ков - ны - е па - губ - ни - ки, пой - те пес - ни!
- vï ta - tee, Mar - kov - nï - ye pa - goob - nee - kee, poy - t'e p'es - nee!
mal tor - chés, Les culs - tout - nus, les sans - sou - liers! * Tous i - ci!

* Attaquez violemment sur le son „tou" et prolongez-le en descendant avec une intensité décroissante jusqu'au son „i". Faire valoir le „t", qui doit rappeler le claquement d'un projectile.

[† Clamando: from Latin *clamare*, meaning to call, to convene.]

(Жениxов дружка выбирает из поезжан одного мужа и жену и ведёт их обоспать для молодых постель.)
(Un ami de noces choisit parmi les invités un homme et sa femme et les envoie chauffer le lit pour les mariés.)

801
s.
- шишь ли, Пам-филь - е - вич? Мы вам пес - ню по - ём, мы вам честь воз - да -
- shïsh lee, Pam-feel' - ye - veech? Mï vam p'es - n'yu pə - yom, mï vam chest' vaz - də -
- tends - tu, Pam - fi - lié - vitch? De la fille et du gar - çon, on vous chant' la chan -
a.
- шишь ли, Пам-филь - е - вич? Мы вам пес - ню по - ём, мы вам честь воз - да -
- shïsh lee, Pam-feel' - ye - veech? Mï vam p'es - n'yu pə - yom, mï vam chest' vaz - də -
- tends - tu, Pam - fi - lié - vitch? De la fille et du gar - çon, on vous chant' la chan -
117
(Сват с поезжанами)
(Le svat et les invités)
804
mf
f
B.
Не ле - жи у... у кру - те бе - ре - ге, Не
N'e l'e - zhï oo... oo kroo - t'e b'e - r'e - g'e, N'e
Qu'as - tu, toi là - bas, à ron - fler, com - me ça? Eh!
unis.
s.
- ём.
- yom.
- son.
unis.
a.
b.
...у кру - те бе - ре - ге,
...oo kroo - t'e b'e - r'e - g'e,
...à ron - fler, com - me ça?
809
118
B.
си - ди, Са - вель - юш - ка, Во бе - се - ду - шке; Сря - жай сва - деб -
see - dee, Sa - v'el'-yush - ka, Və b'e - s'e - doo - shke; Sr'ya - zhay sva - d'eb -
de - bout, Sa - ve - liouch - ka, viens, re - mu - e - toi! Y a de
b.
Сря - жай сва - деб -
Sr'ya - zhay sva - d'eb -
Y a de

119 (Поезжане)
(Les invités)
814
B.
- ку Хве - ти - са - ву Ох!
- koo Khv'e-tee - sə - voo Okh!
quoi fai - re par là.
s.
Ох, на из - бе зе - лья, у в - ыз - бе
Okh, na eez-b'e z'e - l'ya, oo v ïz - b'e
Où on s'a- muse, on boit, et où on
a.
t.
b.
- ку
- koo
quoi...
819
s.
ве - сель - я:
v'e - s'el' - ya:
boit, tout va.
a.
t.
За сто-лом бо - я - ре, о - ни мёд, ви - но пи - ли, ре - чи го - во - ри - ли:
Za stə-lom bə - ya - r'e, ə - nee m'yod, vee - no pee-lee, r'e - chee gə - və - ree - lee:
Nos mes-sieurs sont ve - nus, Ils di - saient, c'est con - nu: Nous, on sait y fai - re;
b.
ре - чи го - во - ри - ли:
r'e - chee gə - və - ree - lee:
Nous, on sait y fai - re;

120
823
B.
„У ме - ня сва - деб-ка на ди-во су-ря - же-на,
„Oo m'e - n'ya sva - d'eb-ka na dee-və soo-r'ya - zhe-na,
Chez nous les no-ces sont fai - tes au tout fin,
де - вя-ти
d'e - v'ya-tee
Chez nous on
b.
...де - вя-ти
...d'e - v'ya-tee
Chez nous on
...де - вя-ти ва - ров
...d'e - v'ya-tee va - rov
Chez nous on boit de
826
t.
А де - ся - тый вар зе - ле - на ви -
A d'e - s'ya - tïy var z'e - l'e - na vee -
Et la di - xième est comme on n'en a
b.
ва - ров пи - во ва - ре - но, А де - ся - тый вар зе - ле - на ви -
va - rov pee - və va - r'e - no, A d'e - s'ya - tïy var z'e - l'e - na vee -
boit de neuf es - pèces de vin, Et la di - xième est comme on n'en a
пи - во ва - ре - но, А де - ся - тый вар зе - ле - на ви -
pee - və va - r'e - no, A d'e - s'ya - tïy var z'e - l'e - na vee -
neuf es - pèces de vin, Et la di - xième est comme on n'en a
829
121
s.
у -
oo -
Qu'el -
a.
Ве - дут Нас - тась - юш - ку на чу - жу сто - ро - ну, На чу - жой сто - ро - не
V'e - doot Nas - tas' - yush - koo na choo-zhoo sto - rə - noo, Na choo-zhoy stə - rə - n'e
No - tre Nas - ta - si - e s'en va pour la vie en terre é - tran - gè - re.
t.
- на.
- na.
point.
b.
- на.
- na.
point.

832
s.
ме - ю - чи дев - ке жить, дев - ке жи - (и)ть! ___ да все по - кор - ной ___
m'e - yu - chee d'ev - k'e zheet', d'ev - k'e zhï - (ï)t'! ___ da vs'e pə - kor - nəy ___
- le sa - che faire, et tout i - ra bien! ___ pour la fil - le tout ___
a.
у - ме - ю - чи дев - ке, у - ме - ю - чи жить! _ Все по - кор - ной дев - ке,
oo - m'e - yu - chee d'ev - k'e, oo - m'e - yu - chee zhït'! _ Vs'e pə - kor - nəy d'ev - k'e,
Qu'el - le sa - che fai - re, et tout i - ra bien! ___ Qu'el - le soit sou - mi - se,
t.
...дев - ке жи - (и)ть! ___ ...дев -
...d'ev - k'e zhï - (ï)t'! ___ ...d'ev-
...tout i - ra bien! ___ tout _
b.
835
122
S.
все по-кор-ной быть. _ По - кор - но-(о)й го - ло - вуш - ке ___ вез - де лю - бо
vs'e pə-kor-nəy bït'. _ Pə - kor - nə-(ə)y gə - lo - voosh-k'e ___ v'ez - d'e l'yu - bə
qu'el-le se ré - si - gne. A tê - te ___ ré - si - gnée ___ ne faut null' part
s.
дев - ке бы - (ы)ть. ___
d'ev - k'e bï - (ï)t'. ___
i - ra bien! ___
a.
все по-кор-ной быть. _
vs'e pə-kor-nəy bït'. _
qu'el-le se ré - si - gne.
t.
- ке ___ бы-(ы)ть.
- k'e _ bï-(ï)t'.
___ i - ra bien!
b.

(Гости по-очереди)
(Les invités tour à tour)
839
S.
хо - ро - шо, И ста-ро-му и ма - ло-му всё низ-кий по-клон,
khə - rə - sho, Ee sta-rə-moo ee ma - lə-moo vs'yo neez-keey pə-klon,
le cous - sin. Fais au pau-vre comme au ri-che un jo-li sou-ri-re,
843
123
B.
По у - ли - це, ю ли - це да по ши -
Pə oo - lee - tse, yu lee - tse da pə shï -
Et tout le long de la rue, tout le long
b.
...да по ши -
...da pə shï -
...tout le long
845
B.
- ро - кой ю - ли - цы Хо - дил, гу - лял мо - ло - дец
- ro - kəy yu - lee - tsï Khə - deel, goo - l'yal mo - lə - d'ets.
s'en va le gar - çon; Dans la rue et tout du long,
s.
По зе - лё - ном са - (а) - ду,
Pə z'e - l'yo - nəm sa - (a) - doo
S'en va dans le jar - din vert
a.
t.
b.
- ро - кой ю - ли - цы...
- ro - kəy yu - lee - tsï...
s'en va le gar - çon,
847
s.
по Нас - ти - нам сле - дам, гля - дел смо - трел Хве - ти - суш - ка
pə Nas - tee - nəm sl'e - dam, gl'ya - d'el smə - tr'el Khv'e - tee - sooshka
der - rièr' sa Nas - ta - sie et re - gar - de Nas - ta - si - e,
a.
t.
...мо - лод, мо - ло - дой
...mo - ləd, mə - lə - doy
...s'en va le gar - çon,

124
849
menof
T.
у мо - ей у Нас - тюш - ки
Oo mə - yey oo Nas - t'yush - kee
Chez ma Nas - ta - si', la dé -
s.
на Нас - тюш - ку сво - ю:
na Nas - t'yush - koo svə - yu:
la re - garde et pen - se:
a.
t.
лен - той ли - ло - во - ю
l'en - təy lee - lo - və - yu
un cha - peau me - lon.
b.
f
шля - пой пу - хо - во - ю
shl'ya-pəy poo-kho-və - yu
un beau pan - ta - lon.
851
T.
по - хо - доч - ка ча - ста - я, Шу - боч - ка но - ва - я,
pə - kho - dəch - ka cha - sta - ya, Shoo - bəch - ka no - va - ya,
- marche est lé - gè - re, Sa pe - lisse est en drap d'or a - vec
(Дружки)
(Les amis de noces)
853
clamando
ff
Poco rubato
a tempo
о - пуш - ка боб - ро - ва - я,
ə - poosh - ka bəb - ro - va - ya,
clamando
Нас - тя чер - но - бро - ва - я!
Nas-t'ya cher-nə-bro - va - ya!
T.
(pour le français)
un col de cas - tor.
Ah! les jo - lis sour-cils noirs!
tempo
t.
Нас - тя чер - но - бро - ва - я!
Nas-t'ya cher-nə-bro - va - ya!
(pour le français)
Ah! les jo - lis sour-cils noirs!

(Один из дружек)
(Un des amis de noces)
125
856
clamando
Нут - ка, ро - ди - мый ба - тюш - ка, рю - моч - ку вы - пи - вай,
Noot-ka, rə - dee-mïy ba-t'yush-ka, r'yu-məch-koo vï-pee - vay,
(pour le français)
Bien, mon vieux, à c'coup ci vid' ton verre!
(Остальные дружки и женщины)
(Les autres amis de noces et les femmes)
Рю - моч - ку вы - пи -
R'yu-məch-koo vï - pee -
Ça c'est clair, vid' ton
858
- вай! Мо - ло - дых о - да - ряй!
- vay! Mə - lə - dïkh ə - də - r'yay!
verre! N'ou - bli' pas les ca - deaux!
860
- ни хо - тят до - миш - ком жить, до - миш - ка при - ба - вить, на уг - лу ба - ню пос - та - вить:
- nee khə-t'yat də-meesh - kəm zheet', də-meesh-ka pree - ba - veet', na oog-loo ba-n'yu pəs - ta - v'eet':
(pour le français)
veut d'a - bord a - voir un' bel - le mai - son
Et en - suite ça vou - dra l'a - gran - dir...
до - миш - ка при - ба - вить
də-meesh-ka pree - ba - veet'
du tout bon,

[* Напевая: 'singing'.]

[* This bar may be sung falsetto.]
[† Произносить: "йета".]

(Женщины)
(Les femmes)
879
s.
a.
t.
b.
f
Зя - тик у во - рот у - би - ва - ет - ся:
Z'ya-teek oo vә - rot oo-bee-va-ye-tsa:
Et de - vant la porte on se _ la - men - te:
хоть бы хоть бы так, хоть бы руб - ли - ков,
khot' bï khot' bï tak, khot' bï roob-lee-kәv,
moi, moi, je m'en fous, Mais on, on s'ra pas
Вол - га ре - ка раз - ли - ва - ет - ся, хоть бы пять _
Vol-ga r'e - ka raz-lee-va - ye-tsa, khot' bï p'yat' _
De - dans la mai - son on _ chan - te, s'ra pas au bout.
...хоть бы так, ...руб - ли - ков, хоть бы пять _
...khot' bï tak, ...roob-lee-kәv, khot' bï p'yat' _
...je m'en fous ...on s'ra pas s'ra pas au bout.
129
882
mf
„Ах _ тёш - ша мо - я, тёш - ша лас - ко - ва - я!"
„Akh _ t'yosh - sha mә - ya, t'yosh-sha las - kә - va - ya!"
„Où es - tu vi - lai - ne? Où es - tu mé - chan - te?"
А ког - да _
A kәg - da _
Si c'est mon - sieur
885
ff
3
...le pouss' du cou - de,
бу - дет тво - я честь, хоть бы руб - ли - ков,
boo - d'et tvә - ya chest', khot' bï roob - lee - kәv,
qui sort, sort l'ar - gent, Ça, ça lui cou - t'ra

(Сват, обращаясь к греющим постель)
(Le svat au couple qui chauffe le lit)

130

Обогревающие постель вылезают из неё. Фетиса и Настасью ведут к постели, укладывают их, запирают дверь и оставляют одних.
Ceux qui chauffent le lit sortent. On conduit Fétis et Nastasie jusqu'au lit et on les couche après quoi on les laisse seuls et on ferme la porte.

887
s.
a.
t.
b.
ff
Пас - те - лья мо - я, ка - ра - ва - туш - ка!
Pə - t'e - l'ya mə - ya, kə - rə - va - toosh - ka!
Le beau lit bien fait, le beau lit car - ré!
На ка - ра -
Na kə - rə -
Des - sus le
хоть бы ше-(е)сть.
khot' bï she-(e)st'.
dans les cent francs.

Родители жениха и невесты усаживаются на скамье перед дверью. Все обращены к ним лицом.
Les deux pères et les deux mères s'installent devant la porte sur un banc, tout le monde leur faisant face.

890

s.: на пе - ри - нуш - ке у з - го - ло - вьи - ца,
na p'e-ree-noosh-k'e oo z-gə - lo - v'ee-tsa,
et tout à cô - té il y a l'o - reil - ler,

a.: - ва - туш - ке пе - ри - нуш - ка у з - го - ло - вьи - ца,
- va - toosh-k'e p'e-ree-noosh - ka oo z-gə - lo - v'ee-tsa,
lit il y a le plu - mier, il y a l'o - reil - ler,

t.: на пе - ри - нуш - ке у з - го - ло - вьи - ца,
na p'e-ree-noosh-k'e oo z-gə - lo - v'ee-tsa,
et tout à cô - té il y a l'o - reil - ler,

b.: - ва - туш - ке пе - ри - нуш - ка
- va - toosh - k'e p'e-ree-noosh - ka
lit il y a le plu - mier,

893
131
s.
у' зго-ло-вьи-ца о-ди-я ли-
oo zgə-lo-v'ee-tsa ə-dee-ya lee-
et sous l'o-reil-ler, les draps bien lis-
a.
на пе-ри-нуш-ке у' зго-ло - вьи-ца, у' зго-ло-вьи-ца о-ди-я ли-
na p'e-ree-noosh-k'e oo zgə-lo - v'ee-tsa, oo zgə-lo-v'ee-tsa ə-dee-ya lee-
Et tout à cô-té l'o - reil-ler, et sous l'o-reil-ler, les draps bien lis-
t.
у' зго-ло-вьи-ца о-ди-я ли-
oo zgə-lo-v'ee-tsa ə-dee-ya lee-
et sous l'o-reil-ler, les draps bien lis-
b.
у' зго-ло-вьи-ца,
oo zgə-lo-v'ee-tsa,
tout à cô-té.
896
s.
-ца.
-tsa.
-sés.
a.
-ца.
-tsa.
-sés.
t.
-ца.
-tsa.
-sés.
b.
mf
Хве-
Khv'e-
Fé-
899
a.
mf
Во-ро-бей во-роб-ку па-ру-ет, по-са-див-ши на
Və-rə-b'ey və-rob-koo pa-roo-yet, pə-sa-deev-shï na
Et le moi-neau a trou-vé son nid, Tient sa fe-mel-le
b.
-ти-суш-ка,
-tee-soosh-ka,
-tis le fri-sé,

132
Хве - ти - (и) - суш - ка Нас-тась - юш - ку це - лу - ит,
Khv'e-tee-(ee)-soosh-ka Nas-tas' - yush-koo tse-loo-eet,
La tient contr' lui, l'a mi - se dans son lit,
ка - ра - вать,
kə - rə - vat',
con - tre lui,
Ён це - лу - ит
Yon tse-loo-eet
Il a mis sur
на руч - ку кла -
na rooch-koo kla -
Il l'a mi - se,
ми - лу - ит на руч - ку кла - дёт,
mee - loo-eet na rooch-koo kla - d'yot,
son bras sa Nas - ta - siouch - ka,

Meno mosso ♩ = 80
908
133
B.
…жмё:
…zhmyo:
…cœur:
„Ах, ты душ - ка,
„Akh, tï doosh - ka,
„Eh bien, mon â -
s.
- дё, кы сер - деч - ку жмё:
- d'yo, kï s'er - d'ech - koo zhmyo:
il l'a mi - se sur son cœur:
a.
- дё, кы сер - деч - ку жмё:
- d'yo, kï s'er - d'ech - koo zhmyo:
il l'a mi - se sur son cœur:
t.
- дё, кы сер - деч - ку жмё:
- d'yo, kï s'er - d'ech - koo zhmyo:
il l'a mi - se sur son cœur:
b.
жмё:
zhmyo:
cœur:
912
жё - нуш - ка, Дан - на - я мо - я по - гля - день - я, ноч - на - я мо -
zho - noosh - ka, Dan - na - ya mə - ya pə - gl'ya - d'en' - ya, nəch - na - ya mə -
- me, ma dou - ceur, fleur de mes jours, Miel de mes nuits, miel de mes nuits,
918
134
- я за - ба - ва пы - жи - вём мы с то - бой ха - ра - ше - нич - ка,
- ya za - ba - va pï - zhï - v'yommï s tə - boy kha - ra - she - neechka,
fleur de ma vie, On vi - vra a - vec toi, comme il faut qu'on vive,
Занавес опускается медленно в продолжение всей последующей музыки.
Le rideau se baisse lentement durant toute la musique suivante.
924
5
135
16
что - бы лю - ди нам за - ви - ды - ва - ли."
shto - bï l'yu - dee nam za - vee - dï - va - lee."
Pour qu'on nous en - vi', pour - qu'on fasse en - vie."
Morges, 1917
Engraved by New Notations London